평신도 구역공과

말씀과 만남이 있는 평신도 구역공과

초판 1쇄 인쇄 | 2025년 12월 15일
초판 1쇄 발행 | 2025년 12월 15일

지은이 | 고요셉
펴낸이 | 정신일
펴낸곳 | 크리스천리더
편　집 | 홍소희
교　정 | 이숙자, 성주희
http//www.cjesus.co.kr

주소 : 경기도 부천시 소사구 성주로 96 제일빌딩 6층
연락처 : ☎ (032)342-1979
일부총판 : 생명의 말씀사 (02)3159-8211
등　록 : 제2-2727호(1999. 9.30.)

ISBN 978-89-6594-390-7(03230)

값 6,500원

※ 잘못된 책은 구입하신 곳에서 바꾸어 드립니다.

임 명 장

성 명 :

년 월 일생

위 사람은 년도 하나님의 충성된 일꾼으로

그 직분을 신실하게 감당할

본 교회 로 임명합니다.

년 월 일

교회

담임목사

저자서문

“내 말이 너희 안에 거하면 무엇이든지 원하는 대로 구하라 그리하면 이루리라”(요한복음 15:7)

교회의 시작은 하나님의 말씀에서부터입니다. 영통영락교회 또한 말씀으로부터 시작되었습니다. 가정의 작은 거실에서, 식탁 위에 펴진 한 권의 성경을 중심으로 온 가족이 모여 예배드리던 그 자리가 바로 교회의 첫 걸음이었습니다. 그때의 예배는 화려하지 않았지만, 말씀을 향한 순전한 열정과 주님을 향한 사랑이 있었습니다. 그 말씀이 우리를 하나로 묶어 주셨고, 그 사랑이 오늘의 교회를 세워 주셨습니다.

세월이 흐르고 세상이 빠르게 변하면서 우리는 이제 눈에 보이는 성장보다 더 중요한 질문을 던지게 됩니다.

“과연 우리의 신앙은 여전히 말씀 위에 서 있는가?”

“우리의 목장과 소그룹은 말씀 안에서 살아 움직이고 있는가?”

이 공과는 바로 그 질문에 대한 믿음의 응답으로 준비되었습니다.

우리가 다시 처음으로 돌아가, 그리스도의 말씀 안에서 교회를 세우고,목장을 회복하며, 성도 한 사람 한 사람이 말씀으로 믿음이 든든히 세워 가기를 소망하며 집필하였습니다.

오늘날 우리는 속도가 진리를 앞서는 시대에 살고 있습니다. 정보는 넘치지만 말씀은 점점 들리지 않고, 사람은 많지만 진정한 교제는 사라져 가는 시대입니다. 그럴수록 교회는 다시 본질로 돌아가야 합니다. 교회의 본질은 건물이 아니라 공동체, 그리고 공동체의 중심은 프로그램이 아니라 말씀과 기도입니다. 목장은 단순한 모임이 아닙니다. 그곳은 삶이 나누어지고, 신앙이 자라고, 하나님의 임재가 체험되는 작은 교회입니다. 그래서 저는 이 공과가 단지 공부의 도구가 아니라 말씀으로 목장이 숨 쉬고, 목장을 통해 교회가 살아나는 부흥의 통로가 되길 간절히 바랍니다.

이 교재는 교회력을 따라 구성되어 있습니다. 절기마다 주시는 하나님의 메시지를 따라 강단에서 선포된 말씀의 흐름이 각 목장과 가정으로 이어지도록 하였습니다. 그렇게 함으로써 주일의 은혜가 주중의 삶으로 연결되고, 말씀이 예배당 안에 머물지 않고 성도의 가정과 직장 속에서 살아 움직이게 되기를 소망했습니다. 간단한 말씀의 요약을 바탕으로 나눔과 적용을 통해 말씀을 삶에 실제적으로 적용하도록 도와 성도 개개인이 말씀을 살아내는 제자로 성장하도록 인도합니다.

저는 이 공과를 통해 한국 교회의 모든 목장이 다시금 말씀으로 회복되고, 사랑으로 연결되며, 기도로 하나 되는 부흥의 현장이 되기를 간절히 바랍니다. 서로의 아픔을 나누고, 믿음의 고백을 함께하며, 그 자리에서 하나님의 위로와 응답을 경험하는 작은 부흥의 불씨가 일어나길 소망합니다.

끝으로, 이 책이 나오기까지 헌신과 사랑으로 섬겨 주신 영통영락교회 문서선교부의 모든 손길에 깊은 감사를 드립니다. 묵묵히 편집과 정리에 힘써 주신 분들, 또 출판 과정에서 협력해 주신 크리스천 리더 출판사에도 진심으로 감사드립니다.

이 책이 모든 목장과 소그룹에 하나님의 은혜를 전하는 도구가 되어, 각자의 자리에서 말씀의 향기가 퍼지고, 믿음의 꽃이 피어나는 부흥의 계절이 오기를 바랍니다.

"주님, 말씀으로 우리를 새롭게 하소서. 목장마다, 가정마다, 교회마다
다시 말씀의 생기로 회복되게 하소서."

2026년 새 은혜의 계절을 기다리며 영통영락교회
담임목사 고요셉

차례

[신년주일]

제1주

믿음에 이르는 믿음(롬1:16~17)

세상은 우리들을 신앙인, 믿는 사람들(believer)이라고 부릅니다. 믿음이란 불가능을 가능하게 하는 것, 모든 것을 할 수 있는 것이 믿음입니다. 하지만 문제는 믿음에 강력한 능력이 있음에도 이 믿음을 사용하는 방법, 믿음을 사용하는 믿음은 모르고 살아가고 있는 것입니다. 과연 믿음에 이르게 하는 믿음은 무엇일까요?

1. 복음의 능력이 믿음에 이르게 한다

"내가 복음을 부끄러워하지 아니하노니 이 복음은 모든 믿는 자에게 구원을 주시는 하나님의 능력이 됨이라 먼저는 유대인에게요 그리고 헬라인에게로다"(롬1:16).

사도 바울은 우리의 믿음에 대해 증거하면서 무엇이 우리의 믿음이 된다고 말씀합니까? 복음이 모든 믿는 자에게 구원을 주시는 하나님의 능력이 된다라고 말씀하고 있습니다. '복음'이 무엇입니까? 로마서를 시작하면서 복음에 대해 말씀하고 있습니다.

"이 복음은 하나님이 선지자들을 통하여 그의 아들에 관하여 성경에 미리 약속하신 것이라"(롬1:2).

복음은 곧 하나님의 아들 예수 그리스도입니다. 우리의 믿음은 복음을 근거로 합니다. 믿음은 예수 그리스도를 기초로 하고 그 믿음으로 능력이 나타나게 되는 것입니다. 결국 복음의 능력이 우리로 하여금 믿음에 이르게 하는 것입니다. 성도는 이 복음 안에 거하는 삶을 살아야 합니다. 우리는 복음을 전하는 자도 되어야 하지만, 먼저 복음 안에 사는 성도가 되어야 합니다.

2. 하나님의 의가 믿음에 이르게 한다

"복음에는 하나님의 의가 나타나서 믿음으로 믿음에 이르게 하나니 기록된 바 오직 의인은 믿음으로 말미암아 살리라 함과 같으니라"(롬1:17).

아이들이 갖고 싶은게 있어도 부모가 허락해야 합니다. 우리가 아무리 바라고 원하는 것이 있어도 우리의 믿음에는 누구의 동의가 필요합니까? 하나님의 동의, 하나님의 허락이 필요합니다. 이것이 바로 하나님의 의입니다.

'하나님의 의'는 '의로움, 올바른, 공정함'입니다. 하나님의 의로우심에 부합하는 믿음 즉 하나님의 허락이 있어야 한다는 뜻입니다. 하나님의 의의 기준으로 볼 때 모든 인간은 멸망할 수밖에 없는 존재인데, 복음이 이런 우리를 하나님의 기준에 맞추어 주었다는 것입니다.

따라서 믿음 있는 사람이란 하나님을 믿는 그 믿음으로 삶의 문제를 바라보고, 내 모든 상황을 대입하는 사람입니다. 오직 의인은 믿음으로 말미암아 살리라는 말씀처럼 하나님의 의를 신뢰하는 자, 하나님의 의를 믿는 자는 그 믿음으로 살아갑니다.

[나눔과 적용]

1. 복음의 능력을 실제 삶에서 어떻게 경험하고, 어떻게 믿음을 자라게 했는지 나누어 봅시다.

2. 하나님의 의로우심을 신뢰할 때 일상에서 나타나는 선택이나 태도의 변화는 무엇인가요?

제2주
믿는 만큼 바라고, 믿는 만큼 보인다(히11:1~6)

'아는 만큼 보인다'라는 말이 있습니다. 배우고 알고 있는 만큼 이해할 수가 있다는 것입니다. 그렇다면 성도는 무엇을 알고, 무엇을 볼 수 있어야 합니까? 성도는 믿음으로 바랄 수 있어야 하고, 믿음으로 볼 줄 아는 눈이 있어야 합니다.

"믿음은 바라는 것들의 실상이요 보이지 않는 것들의 증거니 선진들이 이로써 증거를 얻었느니라"(히11:1~2).

1. 믿음으로 구하라

"믿음으로 아벨은 가인보다 더 나은 제사를 하나님께 드림으로 의로운 자라 하시는 증거를 얻었으니 하나님이 그 예물에 대하여 증언하심이라 그가 죽었으나 그 믿음으로써 지금도 말하느니라"(히11:4).

창세기 4장에 가인과 아벨이 제사를 드리는데 하나님이 아벨과 그의 제물만 받으셨고 이에 분노한 가인이 동생을 돌로 쳐 죽이게 됩니다. 창세기에서는 왜 하나님이 아벨의 제사만 받으셨는지 이유가 나오지 않지만, 히브리서 11장에서는 아벨이 믿음으로 하나님께 제사를 드렸다고 말씀합니다. 가인의 믿음의 대상은 그가 드리는 제물이었습니다. 자기 자신이었습니다. 그래서 '하나님, 내가 지금 드리는 것을 왜 안 받으십니까?' 원한으로 동생 아벨을 죽인 것입니다.

우리가 믿는 만큼 바란다라는 것은 내가 바라고 소망하는 것들을 믿는 만큼 바란다라는 것이 아닙니다. 우리는 내가 바라고 소망하는 것이 아닌 하나님을 향한 믿음으로 바라며 믿음으로 드리는 것입니다.

하나님을 향한 믿음, 하나님이 받으시고, 하나님이 채워주신다라는 믿음으로 드릴 때에 기적과 응답의 예물이 되는 것입니다.

2. 믿음으로 보라

"믿음으로 에녹은 죽음을 보지 않고 옮겨졌으니 하나님이 그를 옮기심으로 다시 보이지 아니하였느니라 그는 옮겨지기 전에 하나님을 기쁘시게 하는 자라 하는 증거를 받았느니라"(히11:5).

알면 알수록 진국인 사람의 네 가지 특징이 있습니다.

첫째, '때문에 보다는 덕분에'라는 말을 쓰는 사람입니다.

둘째, 어떤 경우에도 뒷담화를 하지 않는 사람입니다.

셋째, 과거에 살지 않고 현재와 미래에 사는 사람입니다.

넷째, 매사에 긍정적인 사람입니다.

성경에도 이런 사람이 있었는데 바로 '에녹'입니다. 분명히 성경에는 '한번 죽는 것은 사람에게 정하신 것'이라고 말씀하셨는데 믿음으로 살았던 에녹은 하나님을 기쁘시게 했고 죽음을 보지 않고 천국으로 인도함을 받았습니다.

믿음은 하나님이 정하신 것도 바꾸게 하는 능력이 있습니다. 믿음으로 말미암아 아무리 연약한 자라 할지라도 강함으로 쓰임받게 되는 것입니다. 능력은 믿음에 있습니다. 믿음으로 보고 믿음으로 살기 바랍니다.

[나눔과 적용]

1. 우리가 믿음으로 바라고 있는 것은 무엇인지 함께 나누어 봅시다.

2. 하나님을 기쁘시게 하는 믿음의 행동이 있었다면 함께 나누어 봅시다.

제3주
믿음이 이긴다(히11:33~38)

기독교의 역사를 한 마디로 말하면 박해와 박해로 이어진 역사라고 할 수 있습니다. 복음이 전해진 곳마다 박해를 받았고, 잘못된 교회를 바로 잡을 때마다 수많은 고난과 박해를 받았던 것이 바로 기독교의 역사입니다. 이처럼 기독교 역사 2천 년 동안 지금까지 수많은 그리스도인들이 박해를 당하고 수많은 교회가 불에 타고 무너졌지만, 그리스도의 몸 된 교회는 지금까지도 계속해서 왕성하게 살아나고, 그리스도의 복음은 여전히 전 세계로 퍼져나가고 있습니다.

무엇이 이것을 가능케 했을까요? 바로 믿음입니다. 믿음으로 신앙을 지키고, 교회를 지키고, 이기게 한 것입니다.

1. 믿음은 연약함을 강하게 한다

"불의 세력을 멸하기도 하며 칼날을 피하기도 하며 연약한 가운데서 강하게 되기도 하며 전쟁에 용감하게 되어 이방 사람들의 진을 물리치기도 하며"(히11:34).

다니엘서 6장에 보면 다리오 왕이 다른 신에게 절하는 자는 사자굴에 넣는다고 공포합니다. 그러나 다니엘은 믿음대로 하루 세 번씩 예루살렘을 향하여 창문을 열고 무릎을 꿇고 기도하며 하나님께 감사했습니다(단6:10). 그는 사자굴에 들어갔지만, 결국 믿음으로 승리했습니다. 믿음은 연약함을 강하게 하는 능력이 있습니다.

다윗은 어린 소년이었으며 여호수아와 갈렙은 경험없는 젊은 청년들이었습니다. 예수님도 서른 살의 청년이었습니다. 그러나 그들에게는 세상의 강한 사람들에게는 없는 믿음이 있었습니다. 지금 우리의 삶에 육신의 연약함, 환경의 연약함, 상황의 연약함이 있습니까? 문제는 이런 것들이 아니라 나에게 믿음만 있다면 그 믿음이 나를 강하게 하고 용기를 내게 합니다.

2. 믿음은 두려움을 물리친다

"여자들은 자기의 죽은 자들을 부활로 받아들이기도 하며 또 어떤 이들은 더 좋은 부활을 얻고자 하여 심한 고문을 받되 구차히 풀려나기를 원하지 아니하였으며"(히11:35).

'천재는 노력하는 자를 이길 수 없고, 노력하는 자는 즐기는 자를 이길 수 없다'라는 말이 있습니다. 어떤 시련과 실패가 있다 해도 그 상황에 내 감정과 마음이 흔들리지 않고 과정의 기쁨을 즐기는 사람은 노력하는 사람보다 더 무서운 사람, 더 강한 사람이라는 것입니다.

우리가 이 땅에서 신앙을 지키며 믿음을 지키며 살아가는 것이 결코 쉬운 일이 아닙니다. 시련과 연단을 경험하게 될 때가 옵니다. 그럴 때 우리는 반드시 하나님은 구원하신다, 반드시 하나님의 상급이 있다는 것을 바라보며 믿음으로 이겨야 합니다. 믿음으로 이기는 자에게는 반드시 더 좋은 부활, 더 좋은 은혜가 있음을 믿기 바랍니다.

[나눔과 적용]

1. 믿음으로 고난을 이겨냈던 경험에 대하여 함께 나누어 봅시다.

2. 연약함 속에서 강해질 수 있었던 이유가 어디에 있었는지 함께 나누어 봅시다.

제4주

믿음이 살린다(막5:35~43)

러시아 시베리아의 깊은 빙하 속에서 씨앗이 발견되었습니다. 그 씨를 심었더니 싹이 자라고 꽃이 피었습니다. 3만 년 동안 얼어있었던 씨앗이지만 그 안에 생명이 살아있었던 것입니다.

성도의 생명력은 무엇입니까? 바로 믿음이 성도의 생명력입니다.

본문의 사건은 회당장 야이로의 딸이 죽게 된 사건입니다. 죽은 아이를 어떻게 살릴 수 있습니까? 예수님은 믿음으로 살린다고 말씀하고 있습니다.

1. 살리는 주님을 믿으라

"간곡히 구하여 이르되 내 어린 딸이 죽게 되었사오니 오셔서 그 위에 손을 얹으사 그로 구원을 받아 살게 하소서 하거늘"(막5:23).

지금 야이로의 딸이 죽게 되었습니다. 야이로는 회당장입니다. 회당장은 이 지역을 총괄하는 사람, 마을을 다스리는 촌장급으로 그만큼 권력과 힘이 있는 사람이었으나 병이 들어 죽어가는 딸에게는 아무것도 할 수 없는 무능한 아버지였습니다.

"회당장 중의 하나인 야이로라 하는 이가 와서 예수를 보고 발아래 엎드리어"(막5:22).

문제를 만나면 어떻게 해야 합니까? 기도하러 성전에 와야 합니다. 주님께 나와 엎드려 기도하는 모습으로 믿음을 보여야 합니다. 오직 예수님만이 살리십니다.

2. 믿기만 하라

"예수께서 그 하는 말을 곁에서 들으시고 회당장에게 이르시되 두려워하지 말고 믿기만 하라 하시고"(막5:36).

예수님께서 야이로의 집으로 가려고 할 때 딸이 죽었다는 소식이 전해졌고, 사람들이 예수님을 더 이상 괴롭게 하지 말라고 말합니다. 믿음이 과거형이 되는 순간 예수님을 포기하게 만듭니다. 기도하지 못하게 만듭니다. 소망을 갖지 못하게 만들고 주님을 찾지 못하게 만들어 버립니다. '두려워하지 말고 믿기만 하라' 예수님의 이 말씀은 아직 포기하지 말라, 여전히 나를 붙잡으라는 말씀입니다. 믿음으로 살아난다는 것은 끝까지 포기하지 않는 것입니다. 살아날 때까지, 응답이 있을 때까지 나는 믿는다는 현재형의 믿음으로 포기하지 않는 것입니다.

3. 믿음이 살린다

"그 아이의 손을 잡고 이르시되 달리다굼 하시니 번역하면 곧 내가 네게 말하노니 소녀야 일어나라 하심이라"(막5:41).

집에 오신 예수님은 '아이가 죽은 것이 아니라 잔다'(막5:39)라고 말씀하셨습니다. 이 말을 들은 사람들은 비웃습니다. 이것이 바로 믿음으로 볼 줄 아는 사람과 믿음으로 보지 못하는 사람의 차이입니다. 기적과 은혜는 누가 경험하게 됩니까? 믿는 자는 반드시 은혜를 경험하게 되고, 살아남을 보게 되는 것입니다. 어떤 두려움과 절망 속에서도 우리를 살리시는 주님만 의지하고 믿어야 합니다.

[나눔과 적용]

1. 문제를 만나 주님께 엎드렸던 경험이 있다면 함께 나누어 봅시다.

2. 현재형의 믿음으로 응답받은 순간이 있다면 함께 나누어 봅시다.

제5주

믿음이 능력이다(고후4:7~13)

보물이 무엇일까요? 귀금속이나 다이아몬드 같은 것이 보물입니다. 이것은 눈에 보이는 보물이고, 눈에 보이지 않는 보물도 있습니다. 눈이 보배, 입이 보배, 손이 보배인 사람은 그가 가진 보배들로 더욱 풍성한 삶을 살아가게 됩니다.

그렇다면 주님이 우리에게 주신 최고의 보물, 보배는 무엇일까요? 바로 믿음입니다. 믿음이 보배이고, 믿음이 능력입니다. 믿음이 어떻게 우리에게 능력이 될 수 있을까요?

1. 능력이 하나님께 있기 때문입니다

"우리가 이 보배를 질그릇에 가졌으니 이는 심히 큰 능력은 하나님께 있고 우리에게 있지 아니함을 알게 하려 함이라"(고후4:7).

'보배'는 믿음을, '질그릇'은 우리들을 의미합니다. 즉 하나님께 쓰임 받는 성도가 바로 질그릇인 것입니다. 질그릇은 가치가 없는 것이지만 그 안에 보배를 담았다면 그것은 보배함이 되는 것입니다. 마찬가지로 믿음이 없다면 우리는 질그릇에 불과합니다. 그런데 이 그릇에 하나님께서 믿음을 담아주셔서 하나님의 능력이 나타나는 그릇이 된 것입니다.

'심히 큰 능력'이라는 말은 'The surpassing power' 원어의 뜻은 지나치게 많은 힘, 즉 모든 것을 가능케 하는 충분한 힘을 뜻합니다. 믿음의 능력은 하나님의 능력입니다. 우리가 감당하지 못할 큰 능력입니다. 그 믿음의 능력을 믿는 자는 위대한 일을 감당할 수 있습니다. 그러나 그 믿음의 능력을 믿지 않는 자는 아무것도 할 수 없는 흙그릇에 불과하게 됩니다.

2. 예수의 생명을 가진 능력입니다

"우리가 항상 예수의 죽음을 몸에 짊어짐은 예수의 생명이 또한 우리 몸에 나타나게 하려 함이라"(고후4:10).

믿음은 예수의 생명이 우리에게 나타나는 능력이 있다고 말씀합니다. 성도가 어떠한 상황에도 넘어지지 않고 망하지 않는 것은 예수의 생명이 우리의 믿음 안에 나타나게 되기 때문입니다. 예수의 생명이 무엇입니까? 부활의 능력입니다. 다시 살아나는 능력입니다.

"예수께서 이르시되 나는 부활이요 생명이니 나를 믿는 자는 죽어도 살겠고 무릇 살아서 나를 믿는 자는 영원히 죽지 아니하리니 이것을 네가 믿느냐"(요11:25~26).

믿음이 다시 살리는 능력이 있다는 것은 훗날 주님 앞에 설 때 구원을 말씀하신 것과 동시에 이 땅을 살아가면서도 결코 넘어지거나 쓰러지지 않는다는 것입니다. 그래서 믿음 있는 사람이 무서운 사람인 것입니다. 왜냐하면 포기를 모르기 때문입니다. 1517년 종교개혁을 일으킨 마르틴 루터는 '오직 믿음으로 살아가자!(Sola Fide!)'를 주장하게 됩니다. 성도가 이 땅에서 살아가는 능력은 오직 믿음 안에 있습니다. 믿음의 능력으로 승리하시기 바랍니다.

[나눔과 적용]

1. 질그릇 같은 존재임을 인정하며 하나님의 능력에 의지하고 있는지 생각해 봅시다.

2. 부활의 능력을 믿으며 절망을 이겨낸 경험이 있다면 함께 나누어 봅시다.

제6주
아나드레에서 안드레로(요1:35~40)

세상에서 가장 바꾸기 힘든 게 무엇입니까? 바로 사람을 바꾸는 것입니다. 그런데 예수님은 평범한 자들을 제자로 부르셨고, 그들로 사람을 낚는 사람들, 사도로 변화시키셨습니다.

제일 첫 번째로 제자가 된 사람은 가장 먼저 부르심을 받은 안드레입니다. 그의 이름은 '남자다운, 용감한'이라는 뜻을 가지고 있습니다. 그는 갈릴리의 어부였고 그의 형의 이름은 베드로입니다.

1. 예수님을 선택한 사람

"두 제자가 그의 말을 듣고 예수를 따르거늘"(요1:37).

안드레는 침례 요한의 제자였습니다. 광야에서 외치는 침례 요한의 가르침에 감동을 받아 그의 제자가 되기로 결심하고 열심히 요한을 따라다녔습니다. 그런데 예수님이 등장하게 됩니다.

"예수께서 거니심을 보고 말하되 보라 하나님의 어린 양이로다"(요1:36).

침례 요한의 이 말에 안드레는 곧장 예수님을 따르게 됩니다. 그는 진리를 볼 줄 아는 눈이 있었고 자신의 선택을 결정하고 따름에 있어서 용기가 있는 사람이었습니다. 예수님의 제자가 되는 것도 기회가 있는 것입니다. 축복도 받을 기회가 있는 것입니다. 그 선택에 용기를 내기 바랍니다.

2. 예수님과 함께 한 사람

"예수께서 돌이켜 그 따르는 것을 보시고 물어 이르시되 무엇을 구하느냐 이르되 랍비여 어디 계시오니이까 하니 (랍비는 번역하면 선생이라)"(요

1:38).

예수님께서 안드레에게 무엇을 구하느냐 물어 보실 때 안드레는 주님이 계신 그곳에 자신도 함께 있기를 원한다고 대답합니다. 그는 예수님과 함께 하는 것, 주님과 친밀한 관계를 이루는 것을 원했던 것입니다. 우리의 삶에 가장 복된 것, 가장 행복한 사람은 예수님과 함께 살아가고, 주님이 거하는 곳에 함께 거하는 성도가 가장 복된 성도의 삶, 제자의 삶입니다.

3. 예수님을 경험한 사람

"그가 먼저 자기의 형제 시몬을 찾아 말하되 우리가 메시야를 만났다 하고(메시야는 번역하면 그리스도라)"(요1:41).

이전에 안드레는 예수님을 '랍비' 즉 '선생님'이라 불렀습니다. 그런데 지금은 예수님을 '메시야(그리스도)'라고 부릅니다. 안드레가 예수님을 대하는 호칭이 바뀌었습니다.

예수님을 경험하게 되면 그분이 임마누엘, 우리와 함께 하시는 하나님이시라는 것을 알게 됩니다. 우리 삶의 모든 문제를 해결하시고 불가능을 가능케 하시는 임마누엘의 하나님이 바로 예수님이라는 사실이 믿어지게 되는 것입니다.

[나눔과 적용]

1. 인생의 모든 문제에서 예수를 선택하기로 결단하는 용기를 가지고 있는지 생각해 봅시다.

2. 안드레와 같이 예수님을 인격적으로 만나게 된 체험을 함께 나누어 봅니다.

제7주
예수께 잡힌 자 베드로(요21:17~19)

베드로는 약점이 많은 사람입니다. 그리고 실수를 할 때도 많이 있었습니다. 이러한 베드로를 보면서 우리와 비슷한 모습이 많아 공감대를 느낄 때가 많이 있습니다. 십자가에 달린 예수님을 부인했던 베드로, 다시 고기 잡는 어부로 돌아갔던 베드로였지만 예수님은 그를 다시 부르시며 예수님의 제자가 되어 살아갈 것을 명령하고 계십니다.

1. 다시 부르심(Recall)

"세 번째 이르시되 요한의 아들 시몬아 네가 나를 사랑하느냐 하시니 주께서 세 번째 네가 나를 사랑하느냐 하시므로 베드로가 근심하여 이르되 주님 모든 것을 아시오매 내가 주님을 사랑하는 줄을 주님께서 아시나이다 예수께서 이르시되 내 양을 먹이라"(요21:17).

왜 예수님은 베드로를 다시 부르셨을까요? 베드로는 예수님을 포기했지만 주님은 그를 포기하지 않으셨습니다. 우리에게도 베드로와 같이 낙심과 절망이 찾아올 때가 있습니다. 예수님을 믿는 사람은 힘든 일이 있다고 세상 사람들처럼 술을 마시거나 쾌락과 정욕으로 빠지면 심령이 더 답답해지는 것입니다.

예수님의 제자가 된 성도는 예수님께 다시 돌아와야 회복될 수 있습니다. 예수님의 리콜의 목적은 사랑을 회복하라, 주님을 사랑하고, 교회를 사랑하고, 예배를 사랑하고, 말씀을 사랑하는 것을 회복하라는 것입니다.

2. 다시 보내심(Resend)

“내가 진실로 진실로 네게 이르노니 네가 젊어서는 스스로 띠 띠고 원하는 곳으로 다녔거니와 늙어서는 네 팔을 벌리리니 남이 네게 띠 띠우고 원하지 아니하는 곳으로 데려가리라”(요21:18).

제자의 삶이 바로 이런 삶입니다. 자신이 스스로 띠를 띠고, 자신이 원하는 곳으로 다니는 삶이 아니라 예수님이 매어주시는 띠를 띠고, 예수님이 인도하시는 곳으로 살아가는 삶을 살아야 한다는 것입니다. 구원받은 성도, 예수님의 제자가 된 성도에게 가장 어울리는 옷은 무엇입니까? 예수님과 같이 거룩한 옷, 은혜의 옷, 사랑의 옷을 입고 살아가야 합니다. 그리고 내가 원하는 곳이 아니라 할지라도 ‘나를 따르라’ 말씀하시는 주님을 따라 살아갈 때 반드시 영광스러운 삶으로 우리를 인도하실 것입니다.

3. 다시 살리심(Revived)

“이 말씀을 하심은 베드로가 어떠한 죽음으로 하나님께 영광을 돌릴 것을 가리키심이러라 이 말씀을 하시고 베드로에게 이르시되 나를 따르라 하시니”(요21:19).

베드로는 예수님이 돌아가신 줄 알았고 다시 살아나실 것을 믿지 못했습니다. 그러나 성경은 주님이 다시 살아날 것을 분명하게 말씀합니다. 기독교 신앙은 부활의 신앙입니다. 세상에서 죽음은 절망입니다. 그러나 믿는 성도의 죽음은 하나님의 영광이 되는 것입니다. 이 땅을 살아갈 때 하나님의 영광을 위해 살아가기 바랍니다.

[나눔과 적용]

1. 낙심과 절망 때에 고치시고 회복시키신 경험이 있다면 나누어 봅시다.

2. 부활의 영광으로 우리를 다시 살리실 예수님을 믿고 있는지 생각해 봅시다.

제8주
거룩한 열정 야고보(막1:19~20)

'산티아고 순례길'은 프랑스 생장에서부터 스페인의 산티아고까지 이어지는 800km의 여정입니다. '산티아고'라는 말은 스페인어로 '야고보'라는 말입니다. 예수님의 제자 야고보는 지중해 지역에서 복음을 전하다가 배를 타고 로마를 지나 스페인까지 건너가서 복음을 전했습니다. 야고보의 별명은 '열정적인 제자'입니다. 야고보는 어떤 사람이었습니까?

1. 결단의 사람

"곧 부르시니 그 아버지 세베대를 품꾼들과 함께 배에 버려두고 예수를 따라가니라"(막1:20).

예수님께서는 어부인 베드로와 그의 형제 안드레, 세베대의 아들 야고보와 요한을 제자로 부르셨습니다. 그런데 야고보는 베드로, 안드레와는 다른 위치의 어부였습니다. '그 아버지 세베대를 품꾼들과 함께 버려두고'라는 말에서 '품꾼(the hired servants)'은 고용된 일꾼들이기에 일꾼들을 거느리고 어업을 하던 선주이거나 많은 부를 누리고 있던 사람이었습니다. 그런데 그런 부유함을 버리고 주님을 따랐던 사람이 야고보인 것입니다. 예수님만 붙잡고 주님만 의지하는 성도는 믿음의 모험을 떠나는데 주저하지 않고 결단할 수 있습니다.

2. 열정의 사람

"또 세베대의 아들 야고보와 야고보의 형제 요한이니 이 둘에게는 보아너게 곧 우레의 아들이란 이름을 더하셨으며"(막3:17).

'우레'는 '번개'라는 말입니다. 야고보는 열정적이며 동시에 성격이 급하고 감정이 격렬했던 사람으로 주님이 가시는 곳은 어디든지 따라갔습니다. 회당장 야이로의 딸이 죽었을 때(막5:37), 주님이 변화산에 올라가실 때(마17:1), 예수님이 잡히시던 밤 겟세마네 동산에 기도하러 가실 때(막14:33)에 함께 갔습니다. 비록 그 열정이 미성숙하고 다듬어지지 못한 사람이었지만 예수님에게만은 진실했고 주님을 좇아가는 것에는 누구보다 열정적인 사람이었습니다.

3. 담대한 사람

"그때에 헤롯왕이 손을 들어 교회 중에서 몇 사람을 해하려 하여 요한의 형제 야고보를 칼로 죽이니"(행12:1~2).

당시 이스라엘의 왕이었던 헤롯은 부흥하는 예루살렘교회를 무너뜨리기 위해 대표가 되는 사람을 잡아 죽이기로 결정하게 됩니다. 당시 예루살렘교회를 이끌던 사람은 베드로였지만 대신 야고보가 예수님의 열두 제자 중 첫 번째로 순교를 당하게 됩니다.

아무리 믿음이 있다 해도 죽음은 누구에게나 두려운 것입니다. 그러나 야고보는 그것도 주님의 자신에게 주신 사명이라 믿고 담대함으로 순교하게 됩니다. 야고보의 순교로 초대교회는 더 부흥하게 되었고 남은 열한 제자도 모두가 순교자가 되어 오늘날 우리에게까지 복음이 전파되었습니다.

[나눔과 적용]

1. 예수님의 부르심 앞에 내가 주인 삼은 모든 것을 내려 놓고 따르기로 결단하시기 바랍니다.

2. 예수님을 사랑하고 따르는 것에 열정으로 임하는지 나의 삶을 돌아봅시다.

제9주
의심했던 제자 도마(요20:24~29)

우리나라에서 욕심 많은 사람에게 '놀부 같은 사람'이라고 하는데, 영어권에서는 의심이 많은 사람을 가리켜 '도마와 같은 사람(Doubting Thomas)'라고 합니다. 도마는 부활하신 예수님을 의심했습니다. 그런데 오늘 말씀의 제목은 '의심했던 제자 도마'입니다. 왜냐하면 이제 도마는 더 이상 의심하는 사람이 아니기 때문입니다. 어떻게 의심이 변할 수 있었을까요?

1. 의심이 찾아올 때

"열두 제자 중의 하나로서 디두모라 불리는 도마는 예수께서 오셨을 때에 함께 있지 아니한지라"(요20:24).

도마가 원래 의심이 많은 사람은 아니었습니다. 그는 예수님께서 죽은 나사로를 살리실 때에 부활에 대해 말씀하시자 자신도 함께 죽음으로 주님의 부활을 경험하는 자가 되겠다고 말했었습니다. 그런데 왜 지금은 의심이 많은 도마가 되었을까요?

부활하신 예수님께서 제자들을 찾아가셔서 구멍 난 손과 옆구리를 제자들에게 보여주시며 주님이 부활하셨다는 것을 알려주셨을 때 그 자리에 도마는 함께 있지 않았습니다. 예수님을 내가 직접 경험하지 못하고 만나지 못하니 의심하게 되는 것입니다.

2. 문이 닫혀있을 때

"여드레를 지나서 제자들이 다시 집안에 있을 때에 도마도 함께 있고 문들이 닫혔는데 예수께서 오사 가운데 서서 이르시되 너희에게 평강이 있을지어다 하시고"(요20:26).

부활하신 예수님이 오셨을 때 그곳에 있지 않았던 도마가 자신은 직접 예수님의 못자국, 옆구리를 만져보지 않고서는 믿지 못하겠다고 말합니다. 문제는 이런 도마의 의심이 제자들에게 전염되기 시작한 것입니다. 의심이 두려움과 불안이 되어 문도 잠그고 마음의 문도 잠가버렸습니다. 그곳에 다시 예수님이 찾아오시게 됩니다. 그리고 제자들에게 말씀하십니다. '평강이 있을지어다!' 부활의 주님이 우리의 삶에 찾아오신다면 어떤 의심도 물러가고 반드시 평강을 주실 줄 믿습니다.

3. 주님을 만났을 때

"도마에게 이르시되 네 손가락을 이리 내밀어 내 손을 보고 네 손을 내밀어 내 옆구리에 넣어보라 그리하여 믿음 없는 자가 되지 말고 믿는 자가 되라"(요20:27).

주님의 말씀을 들은 도마는 더 이상 의심의 사람이 아닌 주님을 온전히 자신의 주님으로 믿는 믿음 있는 도마가 되었습니다.

"도마가 대답하여 이르되 나의 주님이시요 나의 하나님이시니이다"(요20:28).

이후 도마는 페르시아를 거쳐 인도의 남쪽 끝까지 가서 복음을 전하다 그곳에서 창에 찔려 순교하게 됩니다. 그래서 불교와 힌두교의 성지인 인도 땅 첸나 라는 곳에는 '도마의 언덕'이라는 곳이 있고 그곳에 도마의 무덤과 도마 기념교회가 세워져 있습니다.

[나눔과 적용]

1. 의심이 찾아올 때 다시 주님을 만나 해답을 얻으시기 바랍니다.

2. 불안의 감정에 전염되어 동요하고 있지는 않은지 돌아보고 평강의 예수님을 찾으시기 바랍니다.

제10주
순수한 믿음 빌립(요1:43~46)

'순수하다'라는 말은 다른 것이 전혀 섞이지 않은 것을 뜻합니다. 빌립은 눈치도 느리고 특별한 재능도 은사도 없던 사람이었지만, 그는 순수한 믿음을 가진 제자였습니다. 순수한 믿음은 과연 어떤 믿음일까요?

1. 단순한 순종

"이튿날 예수께서 갈릴리로 나가려 하시다가 빌립을 만나 이르시되 나를 따르라 하시니"(요1:43).

예수님은 빌립을 만나셨을 때 아무런 설명도 없이 '나를 따르라'는 말씀만 하셨습니다. 이때 놀랍게도 빌립은 예수님을 그냥 따라갑니다. 심지어 성경은 '빌립이 예수를 따라갔다'는 결과도 생략되어 있습니다. 그는 단순한 순종으로 예수님의 부르심에 제자가 되었습니다. 순수한 믿음의 사람은 그대로 믿지만 의심과 걱정이 많은 사람은 쉽게 믿지 못합니다. 그러니 쉽게 순종하기도 어려운 것입니다. 주님이 부르시는 그 명령에 의심하고 주저하기보다 오직 주님을 신뢰함으로 단순한 순종을 하기 바랍니다.

2. 분명한 확신

"빌립이 나다나엘을 찾아 이르되 모세가 율법에 기록하였고 여러 선지자가 기록한 그이를 우리가 만났으니 요셉의 아들 나사렛 예수니라"(요1:45).

고 하용조 목사의 '초점'이라는 책에 이런 글이 있습니다. "하나님의 생각이 우리의 생각과 다르며 하나님의 길이 우리의 길과 달라도 하나님의 생각을 붙잡기 위해서 우리의 생각을 정지시켜야 한다." 하나님의 생각이 언제나 위대하고 언제나 옳기 때문에 우리의 초점을 예수님께만 맞추어야 합니다.

순수한 믿음의 소유자인 빌립은 예언된 율법에 대한 분명한 확신이 있었고, 그 메시야를 기다리고 있었기에 예수님을 만난 후 이 나사렛 예수가 모세의 율법에서부터 예언되고 기다리던 메시야라고 분명한 확신으로 고백할 수 있었습니다.

3. 담대한 선포

"나다나엘이 이르되 나사렛에서 무슨 선한 것이 날 수 있으냐 빌립이 이르되 와서 보라 하니라"(요1:46).

지금 빌립은 자신의 말을 비꼬는 나다나엘에게 길게 설명하지 않고 '와서 보라'고 한 마디로 분명하고 담대한 선포합니다. 우리의 삶에서도 나다나엘이 하는 말과 같이 믿음을 흔들리게 만드는 사람들의 말이 들릴 때가 있습니다. '예수 믿어서 무슨 좋은 일이 있느냐' '기도해서 문제가 해결되겠느냐' 이럴 때 '와서 보라!' 믿음으로 선포하는 성도가 되기 바랍니다.

빌립은 당시에 가장 화려하고 가장 타락한 도시에서 복음을 전하다 십자가에 거꾸로 매달려 순교를 당하게 됩니다. 담대한 선포로 믿지 않는 영혼을 그리스도께로 인도하는 제자로 쓰임 받는 성도가 되기 바랍니다.

[나눔과 적용]

1. 우리의 삶이 분명하고, 단단하고, 순수한 믿음으로 단순한 순종을 이루어 가고 있나요?

2. 빌립과 같이 예수 복음에 대한 초점을 맞추고 분명한 확신으로 살아가나요?

제11주
마태, 세리에서 제자로(마9:9~13)

마태는 직업이 세리였습니다. 당시에 세리들은 로마에 납부해야 할 세금보다 더 많이 징수해서 자신들의 배를 채웠기에 민족의 반역자로 천한 자, 죄인이라 여겨졌습니다. 이런 삶을 살아가는 세리 마태에게 예수님은 나를 따르라며 제자의 자리로 부르시게 됩니다.

1. 일어나 따르라

"예수께서 그곳을 떠나 지나가시다가 마태라 하는 사람이 세관에 앉아 있는 것을 보시고 이르시되 나를 따르라 하시니 일어나 따르니라"(마9:9).

사람들이 세리는 싫어하지만 세관에 앉아 있는 세리에게 함부로 하지 못합니다. 조금이라도 세금을 적게 내게 해달라고 머리를 조아려야 하기 때문입니다. 그런데 예수님이 '나를 따르라'고 말씀하실 때 마태는 즉각 자리에서 일어나 예수님을 따릅니다. 이는 단지 자리에서 일어나는 행동을 말하는 게 아니라 자신이 지금까지 선택했던 돈과 명예의 자리에서 떠났다는 것입니다.

마태는 주님이 부르실 때 조금도 주저함이 없이 일어나 따라감으로 위대한 제자가 되었습니다. 주님의 부르심에 담대하게 일어나 주님께 순종하고 따라가는 성도가 되기 바랍니다.

2. 함께 있으라

"예수께서 마태의 집에서 앉아 음식을 잡수실 때에 많은 세리와 죄인들이 와서 예수와 그의 제자들과 함께 앉았더니"(마9:10).

예수님을 따르기로 결정한 마태가 자신의 집을 기꺼이 열어 잔치를 벌입니다. 지금 마태는 자신이 가진 모든 것을 숨김없이 주님께 내어놓은 것입니다.

'많은 세리와 죄인들이 와서 예수와 그의 제자들과 함께 앉았더니' 마태는 자신과 같이 죄에 있는 자들을 그리스도께로 인도하여 주님과 함께 앉고 주님 안에 기쁨을 누리는 자들이 되게 하는 영향력을 나타내었습니다. 우리를 통해 세상이 주님을 만나게 해야 합니다. 예수님께 감히 나아가지 못하던 사람들이 예수님을 만나게 만드는 선한 영향력을 나타내는 제자가 되어야 합니다.

3. 부르러 왔노라

"예수께서 들으시고 이르시되 건강한 자에게는 의사가 쓸데없고 병든 자에게라야 쓸데있느니라"(마9:12).

본문 12절과 13절은 예수님이 이 땅에 오신 목적을 분명하게 말씀합니다. 예수님은 병든 자를 고쳐주시고, 죄인들을 의인이 되게 하시려고 오셨습니다. 지금 예수님께서 바리새인들에게 말씀하시는 그 자리에 마태가 있었습니다. 마태의 약점은 자신이 세리인 것, 용서받지 못할 죄인이라는 것입니다. 그런데 그는 예수님을 만남으로 자유함을 얻고 담대함을 얻어 그때부터 주님을 따르는 제자로 살아가게 되었습니다. 이후 마태는 이스라엘에서 복음을 전하고, 인생 말년에 아프리카로 가서 선교하다 에티오피아에서 칼에 찔려 순교합니다.

[나눔과 적용]

1. 주님께서 영광된 자리로 부르실 때 망설임 없이 담대히 일어나 순종하시기 바랍니다.

2. 그리스도의 선한 영향력을 나타내는 제자가 되기를 힘쓰고 있습니까?

제12주

가장 사랑받은 제자 요한(요19:26~27)

신약성경에 두 사람의 요한이 등장하는데 한 사람은 침례 요한이고, 또 한 사람은 요한복음과 요한계시록, 요한서신을 기록한 예수님의 제자 사도 요한입니다.

사도 요한의 이름의 뜻은 '하나님은 은혜로우시다'입니다. 그리고 사도 요한에게는 '사랑의 사도, 사랑받는 제자'라는 별명이 있었습니다. 사도 요한은 요한복음을 기록할 때 자신을 '예수님이 사랑하시는 제자'라고 기록합니다. 요한은 어떤 사람이었을까요?

1. 사랑하는 자

"예수께서 자기의 어머니와 사랑하시는 제자가 곁에 서 있는 것을 보시고 자기 어머니께 말씀하시되 여자여 보소서 아들이니이다 하시고"(요19:26).

'사랑의 기술'이라는 책을 쓴 에리히 프롬은 이렇게 말했습니다.

"사랑은 받는 것이 아닌 주는 것으로 발휘해야 할 기술이다."

예수님께서 십자가에 달리실 때 예수님의 곁에 예수님의 어머니와 주님을 따랐던 여성들, 예수님의 사랑하시는 제자인 요한이 있었습니다. 요한은 어떻게 목숨을 걸고 예수님의 곁을 지킬 수 있었습니까? 주님을 사랑했던 제자였기 때문입니다. 사랑하니까 다른 사람을 의식하지 않고 오직 주님만 바라보고 주님의 곁을 지킬 수 있었던 것입니다. 예수님을 얼마나 사랑하십니까?

2. 하나되는 자

"예수께서 자기의 어머니와 사랑하시는 제자가 곁에 서 있는 것을 보시고 자기 어머니께 말씀하시되 여자여 보소서 아들이니이다 하시고 또 그 제자에게 이르시되 보라 네 어머니라 하신대 그때부터 그 제자가 자기 집에 모시니라"(요19:26~27).

예수님이 어머니 마리아에게 요한을 가리키며 '당신의 아들이다' 요한에게는 예수님의 어머니를 '네 어머니라'고 말씀하십니다. 예수님은 요한을 지금 한 가족으로 초대하고 계신 것입니다. 우리가 예수님을 믿고 예수님의 제자가 되었다는 것은 그리스도 안에 한가족이 된 것을 의미합니다. 이것은 성도의 중요한 정체성을 말하는 것입니다.

3. 지키는 자

"또 그 제자에게 이르시되 보라 네 어머니라 하신대 그때부터 그 제자가 자기 집에 모시니라"(요19:27).

기독교 전승에 의하면 마리아와 함께 예루살렘에 머물렀던 요한은 나이가 든 마리아를 모시고 에베소로 가게 되고 그곳에 마리아를 위한 집을 지었다는 기록이 있습니다.

어떻게 요한은 자신의 부모도 아닌 마리아를 모시고 살았을까요? 이것이 주님이 자신에게 주신 사명으로 여겼기 때문입니다. 내가 가진 능력으로 주님의 말씀을 지키는 것이 아니라 주님을 사랑한다면 그 사랑이 지키게 하는 것입니다. 주님을 사랑한다면 삶의 우선순위에 예수님을 두세요. 내가 살아가는 이유가 예수님때문이어야 합니다.

[나눔과 적용]

1. 예수님께 사랑받기 전에 먼저 사랑할 수 있는 제자가 되기 바랍니다.

2. 하나님의 사랑으로 예수님의 한가족이 되었음을 삶의 어떠한 모습으로 고백할 수 있을까요?

[종려주일]

제13주
예수님이 하시는 이상한 일(마21:10~17)

기독교 신앙을 역설의 종교, 역설의 진리라고 말합니다. 인간의 상식과 세상의 눈으로 볼 때 이해될 수 없는 것을 요구하기 때문입니다. 지는 것이 이기는 것이고, 버리는 것이 얻는 것이며 죽는 것이 곧 살게 되는 것이라고 말씀합니다. 그리고 가장 큰 역설은 예수 그리스도입니다. 하나님의 아들이 인간의 몸을 입고 이 땅에 오셨다, 하나님이신 그분이 인간의 죄를 위해 십자가에서 죽으셨다는 것입니다. 세상 사람들에게는 이상한 일을 행하시는 예수님이시지만 예수님을 믿는 우리에게는 놀라운 일을 행하시는 주님이십니다.

1. 나귀를 타신 왕

"무리가 이르되 갈릴리 나사렛에서 나온 선지자 예수라 하니라"(마21:11).

예수님은 예루살렘 성에 들어가실 때 나귀를 타셨습니다. 왜 그러셨을까요? 스가랴서 9장 9절 말씀의 예언을 이루시기 위해 하신 일입니다. 그런데 나귀를 탄 왕의 모습이 얼마나 우스꽝스럽고 볼품없어 보입니까? 하지만 예수님은 자신이 섬기러 오신 왕, 낮아지고 겸손의 왕으로 오셔서 우리를 위해 십자가를 지고 구속의 역사를 이루는 왕이심을 보여주시는 것입니다. 우리는 나귀를 타신 예수님을 보며 회개하고 주님의 모습을 본받아야 합니다.

2. 진노하는 왕

"예수께서 성전에 들어가사 성전 안에서 매매하는 모든 사람들을 내쫓으시며 돈 바꾸는 사람들의 상과 비둘기파는 사람들의 의자를 둘러엎으시고"(마21:12).

예수님은 예루살렘에 입성하시자 바로 성전을 찾아가셨는데 성전은 시장바닥이었습니다. 성전은 하나님을 만나는 장소, 하나님이 계신 곳이므로 거룩한 장소인데 이렇게 된 것는 대제사장들과 서기관들이 그냥 내버려두고 모른 척했기 때문입니다.

죄라는 것은 그냥 내버려두고, 모른 척 하기 시작하면서부터 자리잡는 것입니다. 예수님이 진노하신 것은 성전이 성전답지 못했기 때문입니다. 성도가 성도답지 못할 때 예수님은 진노하십니다.

"기록되었으되 내가 거룩하니 너희도 거룩할지어다 하셨느니라"(벧전 1:16).

3. 공감하는 왕

"맹인과 저는 자들이 성전에서 예수께 나아오매 고쳐주시니"(마21:14).

예수님 당시에 성전에는 건강한 사람만 들어갈 수 있었는데 지금 예수님은 맹인과 저는 자들, 곧 부정하다 여기는 자들, 병든 자들을 성전 안에서 고치셨습니다. 이는 거룩함과 부정함의 의미를 완전히 바꾸어놓으신 것입니다. 하나님이 보시기에 거룩한 자들이 되어야 합니다. 아무리 부정하다 해도 주님은 그것을 고쳐주시고 새롭게 하실 수 있습니다.

주님이 행하시는 일을 이상한 일로 보는 사람에게는 변화가 일어나지 않지만 놀라운 주님으로 믿는 자에게는 반드시 기적과 역사가 일어납니다. 우리의 연약함을 공감하시고 고쳐주시는 주님을 의지하기 바랍니다.

[나눔과 적용]

1. 방치하고 모른척 해 온 죄를 회개하고 거룩하여 기도하는 성전 되시기를 바랍니다.

2. 우리의 연약함을 공감하고 질병을 치유하시는 예수님을 믿음으로 기적을 경험하시기 바랍니다.

제14주

두려움이 변하여 기쁨이 될 때(눅24:36~43)

예수님이 십자가에서 돌아가셨다고 생각했던 제자들은 두려워하고 있었습니다. 이런 두려움 속에 있는 제자들에게 부활의 주님이 찾아가셨고 예수님이 그들과 함께 있을 때 제자들의 두려움은 기쁨으로 변하게 됩니다. 우리의 두려움이 어떻게 기쁨이 될 수 있을까요?

1. 평강이 있을지어다

"이 말을 할 때에 예수께서 친히 그들 가운데 서서 이르시되 너희에게 평강이 있을지어다 하시니"(눅24:36).

'평강'이란 마음이 편하고 갈등이 없는 상태를 뜻하는 말입니다. 인간은 죄로 인해 하나님과 깨어진 관계였습니다. 오늘날 이 땅에 평화가 없는 이유는 바로 죄 때문입니다. 평화의 반대말은 전쟁이 아니라 죄입니다. 성경은 모든 분열과 다툼과 원수되는 것은 죄의 열매라고 말씀합니다. 하지만 평강의 왕으로 오신 예수님께서 십자가를 지심으로 우리의 모든 죄를 용서하여 주셨음을 믿으시기 바랍니다.

"평안을 너희에게 끼치노니 곧 나의 평안을 너희에게 주노라 내가 너희에게 주는 것은 세상이 주는 것과 같지 아니하니라 너희는 마음에 근심하지도 말고 두려워하지도 말라"(요14:27).

2. 의심하지 말라

"예수께서 이르시되 어찌하여 두려워하며 어찌하여 마음에 의심이 일어나느냐"(눅24:38).

부활하신 예수님을 본 제자들은 두려워합니다. 예수님이 부활하셨다는 사실을 믿지 못하기 때문에 예수님을 유령으로 본 것입니다.

"내 손과 발을 보고 나인 줄 알라 또 나를 만져 보라 영은 살과 뼈가 없으되 너희 보는 바와 같이 나는 있느니라"(눅24:39).

우리 안에 왜 의심이 찾아옵니까? 불가능하다고 생각하기 때문입니다. 두려움이 기쁨이 될 수 있는 원리는 바로 의심하지 말고 믿는 것입니다. 믿으면 담대합니다.

3. 증인이 되라

"너희는 이 모든 일의 증인이라"(눅24:48).

부활하신 주님을 만난 사람들에게는 공통적인 변화가 일어났습니다. 그들 안에 두려움이 사라지고 목숨을 바치면서까지 예수님의 부활을 증거하는 증인이 되었다는 것입니다.

'예수는 역사다'라는 책을 쓴 리스트로벨은 무신론자로 예일대 법대의 석학이며 탁월한 언론인이었습니다. 그는 예수의 부활이 허구라는 것을 증명하기 위해서 연구를 시작합니다. 그가 수년에 걸쳐 증거를 찾기 위해 노력한 결과는 예수의 부활은 사실이고 진실이라는 결론을 내게 됩니다. 그는 "예수님은 실제 역사였고, 그를 믿는 것은 가장 합리적이다."라고 말하며 그리스도의 부활을 증거하는 증인으로 살아가게 됩니다. 예수님의 증인이 되어서 기쁨으로 살아가기 바랍니다.

[나눔과 적용]

1. 예수님께서 주시는 평안이 우리 마음에 충만한지 점검해 봅시다.

2. 예수님의 부활을 의심하는 사람에게 그리스도인으로서 어떻게 사역할 수 있을까요?

제15주
가룟인 아닌 유다(요14:18~24)

예수님의 제자 중 유다는 예수님을 배반하고 은 30에 팔아버린 가룟 유다와 야고보의 아들 유다가 있는데, 본문의 제자는 주님의 충성스러운 제자였던 야고보의 아들 유다 혹은 가룟인 아닌 유다, 다대오라 불리던 유다입니다. '다대오'라는 말은 그 의미가 '따뜻한 마음, 부드러운 마음'입니다. 본문의 유다는 따뜻한 마음을 가지고 많은 사람들을 품어줄 수 있는 마음을 가진 제자였습니다.

1. 이기적이 아닌 이타적으로

"내가 너희를 고아와 같이 버려두지 아니하고 너희에게로 오리라"(요14:18).

'서번트 리더십'이라는 책을 쓴 앨런 로이 맥기니스는 말합니다.

"다른 사람을 도와주는 것, 누군가 성공하도록 돕는 것보다 세상에서 더 고귀한 일은 없다."

요즘 우리 사회는 자신만을 강조하거나, 나만 아니면 돼, 나 혼자 살아가는 시대입니다. 자신이 이루고자 하는 목표를 위해 다른 사람을 현혹하고 희생시키는 것은 되는데, 남을 위해 내가 노력하고 내가 희생하는 것은 용납하지 못합니다.

그러나 예수님은 십자가에서 완전한 이타적 사랑을 이루셨습니다. 성도는 나를 위한 삶이 아닌 다른 사람을 위한 이타적인 삶으로 변화가 일어나야 합니다.

2. 우리가 아닌 모두에게

"가룟인 아닌 유다가 이르되 주여 어찌하여 자기를 우리에게는 나타내시고 세상에는 아니하려 하시나이까"(요14:22).

지금 유다는 자신들을 넘어서서 세상을 생각했던 것입니다. 그의 이 마음이 바로 예수님의 마음, 하나님의 마음인 것입니다. 나만 은혜받고, 나만 구원받는 것이 아니라 내가 속한 가정, 목장, 일터와 직장, 우리나라와 민족이 예수님을 믿고 주님을 만남으로 함께 복을 받게 하는 사람이 되어야 합니다. 나아가 전 세계 열방을 품고 기도하는 성도가 되어야 합니다.

3. 혼자가 아닌 함께 함으로

"예수께서 대답하여 이르시되 사람이 나를 사랑하면 내 말을 지키리니 내 아버지께서 그를 사랑하실 것이요 우리가 그에게 가서 거처를 그와 함께 하리라"(요14:23).

우리는 혼자 신앙생활하는 게 아니라 함께 신앙생활을 하는 것입니다. 주님이 우리와 함께 하시고 모든 성도가 함께 신앙생활하는 것입니다. 거룩한 공동체 안에서 주님과 함께 살아가고, 함께 주님의 축복을 누리며 살아가기 바랍니다.

전승에 의하면 유다는 터키 지역에 가서 복음을 전하고, 이라크를 지나 동유럽, 구소련에 속한 아르메니아까지 가서 복음을 전하다가 칼에 맞아 순교했다고 전해집니다.

[나눔과 적용]

1. 이기적이지 않고 이타적으로 형제 자매를 사랑하며 이끌고 있나요?

2. 예수 그리스도 복음으로 모든 사람들을 품는 성도가 되시기 바랍니다.

제16주
열심 있는 제자 시몬(행1:6~14)

예수님 당시에 유대교는 네 개의 분파로 나뉘어져 있었습니다. 바리새파, 사두개파, 에세네파, 열심당원 셀롯입니다. '셀롯'이라는 말의 의미는 '칼을 품고 다닌다'라는 뜻입니다. 그들은 정치적, 민족주의적 성향이 강한 집단으로 폭력적이고 급진적이며 자신들의 길을 가로막는 사람들은 가만두지 않는 말보다는 행동이 앞서는 사람들이었습니다. 이런 열심당원 시몬을 예수님은 제자로 부르시고 사도라 칭하셨습니다. 그가 어떻게 열심 있는 제자가 되었을까요?

1. 바른 사람을 선택한 열심

"가나나인 시몬 및 가룟 유다 곧 예수를 판 자라"(마10:4).

마태복음 10장에서 예수님의 제자들을 기록할 때 가나나인 시몬과 가룟 유다가 같이 기록된 것으로 보아 그 둘이 친한 사이였을 것으로 추측합니다. 하지만 시몬은 친구인 가룟 유다의 길을 선택하지 않고 예수님을 따르는 길을 선택했습니다.

교회 안에서도 서로 마음이 맞는 사람들이 있습니다. 하지만 주변 사람 때문에 예수님을 믿는 것도 아니고, 친한 사람 때문에 주의 일을 하는 것도 아닙니다. 사람을 의지하지 말고 주님만 의지하는 예수님의 제자가 되기 바랍니다.

2. 바른 뜻을 선택한 열심

"그들이 모였을 때에 예수께 여쭈어 이르되 주께서 이스라엘 나라를 회복하심이 이 때니이까 하니"(행1:6).

열심당원인 시몬에게는 자신의 민족이 언제쯤 로마로부터 해방될 수 있을까 하는 꿈이 있었습니다. 어쩌면 그것이 그가 예수님의 제자가 된 이유일지도 모릅니다.

"이르시되 때와 시기는 아버지께서 자기의 권한에 두셨으니 너희가 알 바 아니요"(행1:7).

예수님의 대답은 때와 시기가 중요한 것이 아니라 하나님의 뜻을 이루는 것이 중요하다 말씀하십니다. 자신의 목적과 뜻을 고집하는 것이 아니라 하나님의 목적하심과 하나님의 뜻을 구하는 사람, 이 사람이 바른 뜻을 선택하는 사람입니다.

3. 바른길을 선택한 열심

"제자들이 감람원이라 하는 산으로부터 예루살렘에 돌아오니 이 산은 예루살렘에서 가까워 안식일에 가기 알맞은 길이라"(행1:12).

예수님께서 마지막으로 제자들에게 예루살렘을 떠나지 말고 약속한 성령을 기다리라고 말씀하셨습니다. 그래서 모든 제자들은 예루살렘에 돌아와서 주님이 명령하신 대로 모여서 기도에 힘썼습니다(행1:13~14). 기독교 전승에 의하면 셀롯인 시몬은 소아시아와 북아프리카, 이집트와 흑해를 넘어서 영국까지 복음을 전했고, 마지막에 페르시아에서 전도를 하다가 그곳에서 순교하게 됩니다. 열심당원이었던 시몬은 예수님의 제자가 되어 주님의 길을 따라갔으며 열심당원이 아닌 열심 있는 제자로 살아간 사람이 되었습니다.

[나눔과 적용]

1. 자기 고집과 열심이 아니라 때와 시기를 주님의 뜻에 두시기 바랍니다.

2. 빠른 길이 아니라 바른 길을 선택하여 기다릴 줄 아는 성도가 되기 바랍니다.

제17주

이름을 찾은 제자 나다나엘(요1:46~51)

나다나엘은 또 다른 이름이 있는데 '바돌로매'입니다. '바돌로매'라는 이름은 '돌로매의 아들'이라는 뜻입니다. 아버지의 그늘 아래 존재감 없이 살아가던 그를 예수님께서 나다나엘이라고 부르십니다. '나다나엘'의 뜻은 '하나님이 주셨다(God has given)' 즉 '하나님의 선물'이라는 뜻입니다. 주님을 만남으로 우리의 이름을 찾고, 나의 사명을 찾고, 주님의 제자로 쓰임 받기 바랍니다.

1. 와서 보라

"나다나엘이 이르되 나사렛에서 무슨 선한 것이 날 수 있느냐 빌립이 이르되 와서 보라 하니라"(요1:46).

선교의 아버지라 불리는 윌리엄 캐리 선교사가 말했습니다.

"하나님으로부터 위대한 일을 기대하라. 하나님을 위하여 위대한 일을 시도하라"

나다나엘은 빌립이 찾아와 예수님을 소개했지만 '나사렛 예수'라는 말만 듣고 예수님을 무시합니다. 그에게는 기대감이 없었던 것입니다. 그러나 주님을 기대하는 사람, 어떤 상황을 만나든지 하나님의 일하심을 기대하는 사람에게는 반드시 역사가 일어납니다.

2. 보았노라

"나다나엘이 이르되 어떻게 나를 아시나이까 예수께서 대답하여 이르시되 빌립이 너를 부르기 전에 네가 무화과나무 아래에 있을 때에 보았노라"(요1:48).

나다나엘은 빌립의 강권적인 요청에 예수님을 만나러 갔습니다. 나다나엘은 그 안에 기대감도 없고, 열정도 없이 그냥 이대로 사는 게 좋다고 여기며 살았던 사람이었습니다. 그런 그를 예수님이 보셨습니다. 우리가 별로 기대감도 없는 인생을 살아왔고, 내 인생이 계획도 없이 산 인생이라도 예수님께서는 우리를 기다리고 계시고, 이미 속마음도 보시고 우리가 어떻게 살아가고 있는지 보고 계심을 믿기 바랍니다.

3. 보리라

"예수께서 대답하여 이르시되 내가 너를 무화과나무 아래에서 보았다 하므로 믿느냐 이보다 더 큰 일을 보리라"(요1:50).

지금 예수님은 나다나엘에게 놀라운 비전을 주십니다. 자신이 보는 것만 보고 사는 것이 아니라 주님이 보여주시는 것을 보고, 주님이 주시는 꿈을 꾸어야 합니다.

전승에 의하면 나다나엘은 지금의 이란과 터키의 국경지대까지 가서 복음을 전하다가 순교할 때 온몸에 매를 맞고 살갗이 벗겨지는 핍박을 받았다고 전해집니다. 돌로매의 아들로 살다가 끝날 인생이 예수님의 부르심에 순종함으로 제자 나다나엘로 살면서 주님을 위해 평생 복음을 전하는 사도가 되었습니다.

[나눔과 적용]

1. 하나님을 향한 기대감을 가지고 믿음으로 시도하기 바랍니다.

2. 예수께서 우리의 가는 길을 주목하고 계심을 믿기 바랍니다.

제18주
작지 않은 제자 야고보(막15:40~41)

유명한 경제학자인 에른스트 슈마허가 '큰 것은 위대하나 작은 것은 아름답다'라는 말을 했습니다.

"사람들의 눈에 큰 것은 멋져 보이고 위대해 보이나 사실은 무시되고 하찮게 여기는 작은 것들에서부터 큰 변화가 일어나게 된다."

알패오의 아들 야고보는 '작은 야고보'라고 쓰여있는 것처럼 예수님의 제자들 중 가장 존재감이 없는 제자로 그가 어떤 일을 했는지, 그가 어떤 말을 했는지 성경은 전혀 기록하고 있지 않습니다. 그러나 작은 자도 예수님의 제자로 부르심을 받았습니다.

1. 그리스도인의 자존감

"열두 사도의 이름은 이러하니 베드로라 하는 시몬을 비롯하여 그의 형제 안드레와 세베대의 아들 야고보와 그의 형제 요한, 빌립과 바돌로매, 도마와 세리 마태, 알패오의 아들 야고보와 다대오, 가나나인 시몬 및 가룟 유다 곧 예수를 판 자라"(마10:1~4).

자존감이 높은 사람은 타인에게 의존하지 않고 누군가의 인정을 구하지 않습니다. 스스로 만족하고 스스로 자신의 자리를 지키는 사람입니다. 예수님의 제자들 중 누가 가장 자존감이 높은 사람입니까? 다른 제자들에게 작은 야고보라고 무시당했지만 언제나 예수님의 제자로 그 자리를 지키고, 그리스도인이라는 사실 만으로 만족했던 이 작은 야고보가 가장 자존감이 높은 제자였습니다.

2. 그리스도인의 정체성

"멀리서 바라보는 여자들도 있었는데 그중에 막달라 마리아와 또 작은 야고보와 요세의 어머니 마리아와 또 살로메가 있었으니"(막15:40).

'또 작은 야고보와 요세의 어머니 마리아'에서 작은 야고보의 어머니 이름이 마리아이고 지금 예수님이 십자가에 달리신 그 현장에 있었다고 기록하고 있습니다. 이는 작은 야고보의 어머니 마리아가 신앙이 얼마나 투철한 사람인지 보여주는 것입니다. 작은 야고보의 신앙은 바로 어머니로부터 물려받은 것이었습니다. 어떠한 경우에도 나는 그리스도인이라는 그 정체성이 흔들리지 않아야 합니다.

3. 그리스도인의 자신감

"들어가 그들이 유하는 다락방으로 올라가니 베드로, 요한, 야고보, 안드레와 빌립, 도마와 바돌로매, 마태와 및 알패오의 아들 야고보, 셀롯인 시몬, 야고보의 아들 유다가 다 거기 있어 여자들과 예수의 어머니 마리아와 예수의 아우들과 더불어 마음을 같이하여 오로지 기도에 힘쓰더라"(행1:13~14).

전승에 의하면 작은 야고보는 이집트와 시리아에서 복음을 전했습니다. 그가 이집트에서 열정적으로 복음을 전할 때 그의 설교에 군중들은 분노하게 되었고 그를 이집트 신전 지붕에서 내던집니다. 그런데 야고보가 여전히 살아있자 군중들이 곤봉과 방망이로 그를 때려 순교했다고 전해집니다. 작은 야고보는 결코 작지 않은 제자로 살아갔습니다. 세상에서는 비록 작아 보일지라도 결코 작지 않은 큰 믿음의 주인공으로 쓰임 받기 바랍니다.

[나눔과 적용]

1. 그리스도인이라는 정체성으로 살아가고 있는지 생각해 봅시다.

2. 그리스도인으로서의 자신감을 가지고 복음을 전하고 있는지 함께 나누어 봅시다.

제19주
예수님과 함께하는 가정(막4:35~41)

가정은 한 사람의 성격과 인격, 삶의 습관과 방식 등 인간이 삶을 대하는 태도를 배우는 곳입니다. 하지만 인생의 가장 큰 아픔, 고통의 문제가 가정에서부터 시작되기도 합니다. 하나님이 가정을 만드신 목적이 무엇입니까? 하나님은 가정을 통해 행복을 주시고, 천국의 기쁨을 맛보게 하시려고 가정을 만드셨습니다.

1. 예수님과 함께하는 가정

"그들이 무리를 떠나 예수를 배에 계신 그대로 모시고 가매 다른 배들도 함께 하더니"(막4:36).

소설 '안나 카레니나'의 첫 구절은 이렇게 시작합니다.

"행복한 가정은 모두 엇비슷하고, 불행한 가정은 불행한 이유가 제각기 다르다."

'예수를 배에 계신 그대로 모시고 가매' 예수님이 그 배에 함께 타고 계셨다는 것입니다. 예수님과 함께 가는 가정이 되기 위해서는 항상 주님이 함께 하시는가를 점검해야 합니다. 가정의 모든 결정 앞에서 주님께서 함께 하시기를 구하는 기도를 먼저 하기 바랍니다.

2. 예수님을 찾는 가정

"예수께서는 고물에서 베개를 베고 주무시더니 제자들이 깨우며 이르되 선생님이여 우리가 죽게 된 것을 돌보지 아니하시나이까 하니"(막4:38).

지금 제자들이 탄 배가 큰 풍랑을 만나자 주무시는 예수님을 깨우게 됩니다. 우리가 인생의 풍랑, 위기와 문제를 만날 때 예수님을 가장 먼저 찾아야 합니다. 예수님은 위기 극복의 전문가, 불가능한 문제를 해결하시는 전문가이십니다.

"예수께서 깨어 바람을 꾸짖으시며 바다더러 이르시되 잠잠하라 고요하라 아시니 바람이 그치고 아주 잔잔하여지더라"(막4:39).

3. 예수님만 믿는 가정

"이에 제자들에게 이르시되 어찌하여 이렇게 무서워하느냐 너희가 어찌 믿음이 없느냐 하시니"(막4:40).

두려움의 반대는 극복이 아니라 믿음이라고 말씀하고 있습니다. 행복한 가정의 십계명이 있습니다.

1. 가정의 주인은 하나님이심을 인정하라.
2. 온 가족이 한 믿음으로 한 교회에서 함께 예배를 드리라.
3. 최소한 가정예배를 일주일에 한 번 이상 드려라.
4. 말하기보다 듣기를 먼저 하라.
5. 싸움을 할 때는 극단적인 말을 하지 말라.
6. 잠자리를 달리할 때는 반드시 허락을 받으라.
7. 식사를 기도하고 함께 먹으라.
8. 해달라고 하기 전에 해 줄 것을 먼저 하라.
9. 가족의 기념일을 기억하고 꼭 축하하라.
10. 이웃집과 우리집을 비교하지 말라.

우리 가정의 주인은 오직 주님이심을 믿고, 주님만 믿는 믿음의 가정되기 바랍니다.

[나눔과 적용]

1. 예수님을 중심으로 하나되어 행복한 가정을 이루어 나가시기 바랍니다.
2. 예수님의 뜻을 구하며 우리 가정의 중요한 의사결정을 해나가고 있는지 생각해 봅시다.

제20주
예수를 판 자, 유다(요6:66~71)

한 사람의 이름이 어떤 개념이나 가치를 상징하는 아이콘이 되는 경우가 있습니다. 평화의 아이콘 간디, 평등의 아이콘 마틴 루터 킹 목사, 농구의 아이콘 마이클 조던, 골프는 타이거 우즈 등입니다. 그렇다면 배신의 아이콘은 누구일까요? 바로 가룟 유다입니다. 그는 어떤 사람이었고, 왜 비난과 배신의 제자가 되었을까요?

1. 약함에서 승리하자

"밝으매 그 제자들을 부르사 그 중에서 열둘을 택하여 사도라 칭하셨으니 … 야고보의 아들 유다와 예수를 파는 자 될 가룟 유다라"(눅6:13,16).

가룟 유다도 예수님의 부르심을 받고 제자가 되었습니다. 예수님은 가룟 유다에게 돈궤를 맡는 임무 즉 재정을 관리하는 임무를 맡기셨습니다. 왜 그러셨을까요?

"제자 중 하나로서 예수를 잡아 줄 가룟 유다가 말하되 이 향유를 어찌하여 삼백 데나리온에 팔아 가난한 자들에게 주지 아니하였느냐 하니 이렇게 말함은 가난한 자들을 생각함이 아니요 그는 도둑이라 돈궤를 맡고 거기 넣는 것을 훔쳐 감이러라"(요12:4~6).

예수님은 유다가 돈에 약하다는 것을 잘 알고 계셨기에 그에게 약점이 되는 일을 맡김으로 그 약점을 극복할 수 있는 기회를 주신 것입니다. 그런데 유다는 그 유혹을 이기지 못하고 예수님을 팔아버린 자가 되었습니다.

2. 영적으로 깨어 있으라

"예수께서 대답하시되 내가 너희 열둘을 택하지 아니하였느냐 그러나 너희 중의 한 사람은 마귀니라 하시니"(요6:70).

여기에서 '마귀'라는 말은 실제로 마귀가 제자의 모습을 하고 있다는 것이 아니라 앞으로 마귀의 꼬임에 빠질 사람, 마귀의 도구로 사용될 자가 있다는 것입니다. 예수님은 미리 경고하심으로 유다에게 돌이킬 기회를 주셨습니다. 하지만 깨어 있지 않았던 유다는 그 악한 일에 도구로 사용되고 말았습니다. 깨어 있지 않고 마귀를 대적하지 않으면 마귀가 우리의 마음과 생각을 지배하는 것입니다.

3. 죄로부터 회개하라

"유다가 은을 성소에 던져 넣고 물러가서 스스로 목매어 죽은지라"(마27:5).

가룟 유다의 가장 큰 잘못은 예수님을 은 30에 판 것일까요? 아니면 스스로 목숨을 끊어버린 것일까요? 유다는 스스로 목숨을 끊어 버려 용서받을 기회를 없애버린 것이 가장 큰 죄입니다. 물론 유다도 후회는 했습니다. 그러나 유다가 회개했다면 예수님은 분명히 용서해 주셨을 것이고, 용서받은 자로 평생 주님께 빚진 자로 살아간 제자가 되지 않았을까요? 하나님께 용서를 구하는 자는 주님께서 반드시 용서하시고 다시 회복시켜 주십니다.

[나눔과 적용]

1. 자신의 연약함이 무엇인지 생각해 보고 주님을 의지함으로 승리하시기 바랍니다.

2. 영적으로 깨어 있어 우리 마음을 부정적이고 악한 생각들로부터 지키시기 바랍니다.

제21주
대야와 수건(요13:4~6, 12~17)

팔레스타인에서는 모래 위를 걸어온 손님의 발을 씻어주는 풍습이 있습니다. 이것은 손님에게 해주는 가장 기본적이면서도 친절한 환영으로 종들이 발을 씻어줬습니다.

오늘 예수님은 십자가에 달리시기 전날 밤 제자들의 발을 씻어 주십니다. 예수님이 가져오신 대야와 수건의 의미는 무엇일까요?

1. 섬기는 자는 어디에 있는가

지금 예수님이 제자들의 발을 씻어 주실 때 주님은 제자들보다 낮은 자리에서 제자들을 위로 바라보고 계셨습니다. 섬기는 자의 시선은 낮은 곳에 있어야 합니다. 내려와야, 낮아져야 무엇을 섬길 수 있는지가 보이는 것입니다.

그리고 섬기는 것의 시작은 내가 할 일이 아니라고 생각했던 것을 시도하는 것입니다. 내가 해야 할 일을 하는 것, 나를 위한 일을 하는 것은 섬김이 아닙니다. 내가 하지 않아도 되는 것을 하거나 나의 자리와 위치에 어울리지 않고 나에게 주어진 것이 아님에도 하는 것이 섬김의 시작입니다.

2. 섬기는 손은 무엇을 하는가

"저녁 잡수시던 자리에서 일어나 겉옷을 벗고 수건을 가져다가 허리에 두르시고 이에 대야에 물을 떠서 제자들의 발을 씻으시고 그 두르신 수건으로 닦기를 시작하여"(요13:4~5).

섬김은 말로 하는 게 아닙니다. 모든 것이 준비되면 한번 섬겨볼까 하는 게 아닙니다. 시작부터 끝까지 내가 하는 것, 나의 손으로 실천하는 것입니다. 그래서 섬김에 필요한 것이 사랑입니다.

"내가 주와 또는 선생이 되어 너희 발을 씻었으니 너희도 서로 발을 씻어 주는 것이 옳으니라"(요13:14).

서로의 잘못과 죄를 용서해 주는 것, 서로의 상처와 아픔을 보듬어 주는 것이 바로 섬김이라는 것입니다. 그리고 끝까지 섬김의 손을 놓지 않아야 합니다.

3. 섬기는 마음은 어디에 있는가

"베드로가 이르되 내 발을 절대로 씻지 못하시리이다 예수께서 대답하시되 내가 너를 씻어 주지 아니하면 네가 나와 상관이 없느니라"(요13:8).

예수님의 이 말씀은 섬김을 경험해 봐야 주님이 가르치는 것이 무엇인지 깨닫게 된다는 뜻입니다. 오늘날 예수님이 우리들의 발을 씻어 주시지는 않으셨지만 우리는 그것보다 더 큰 은혜를 입은 사람들입니다. 십자가에서 예수님의 보혈로 우리의 죄를 씻어 주셨기 때문입니다. 주님이 나를 섬기셨기 때문에 그 은혜를 입은 자인 우리도 섬겨야 하는 것입니다.

"너희가 이것을 알고 행하면 복이 있으리라"(요13:17).

[나눔과 적용]

1. 낮은 자리에서 낮아진 눈높이를 가지고 교회의 지체들을 섬기고 있는지 생각해 봅시다.

2. 끝까지 인내함으로 섬김의 손을 놓치지 않고, 주님이 맡기신 일을 완수하기 바랍니다.

제22주
그래도, 나와 함께 있으라(요13:21~30)

사람은 누구나 자신이 지켜야 할 자리가 있습니다. 그리고 그 자리를 지키며 살아가는 것, 이것을 우리는 '본분을 지키며 산다'라고 말합니다. 지금 예수님을 배반한 가룟 유다는 주님과 함께하는 그 자리를 떠나 주님을 팔아버리는 죄를 짓게 됩니다. 유다의 인생에서 지킬 수 있는 마지막 자리를 그는 떠남으로 잃어버리게 된 것입니다.

1. 의심이 생겨도 함께 있으라

"제자들이 서로 보며 누구에게 대하여 말씀하시는지 의심하더라"(요13:22).

지금 예수님께서 제자들 중에 하나가 자신을 팔 것이라 말씀하셨습니다(요13:21). 그러자 제자들은 근심하기 시작합니다. 하지만 이들 중에 단 한 사람도 '예수님, 우리들 중에서는 예수님을 팔 사람이 없습니다.'라며 확신을 주는 제자가 없었습니다.

우리가 예수님을 믿는다고 하면서도 의심이 찾아올 때가 있습니다. 이 의심은 하나님의 말씀, 예수님의 능력에 대한 의심이 아니라 내 자신의 연약함에 대한 의심입니다. 이때 중요한 것은 의심이 왔다고 포기하기보다 나는 끝까지 주님의 곁에 있겠다! 주님의 길을 걸어가겠다! 라는 선택을 하는 것입니다.

2. 시험을 만나도 함께 있으라

"예수께서 대답하시되 내가 떡 한 조각을 적셔다 주는 자가 그니라 하시고 곧 한 조각을 적셔서 가룟 시몬의 아들 유다에게 주시니"(요13:26).

예수님은 이미 유다의 생각을 아시고 그의 마음을 시험하시는 것입니다. 더 깊은 뜻은 지금이라도 돌아오라는 것입니다.

"조각을 받은 후 곧 사탄이 그 속에 들어간지라 이에 예수께서 유다에게 이르시되 네가 하는 일을 속히 하라 하시니"(요13:27).

예수님의 '네가 하는 일을 속히 하라'는 말씀은 유다에게 자신을 배반하고 팔라는 말씀이 아니라 주님은 유다가 돌아오기를 원하신 것, 회개하고 깨닫기를 원하신 것입니다. 그러나 유다는 돌아오지 않았고, 사탄이 그를 붙잡았고, 그 자리에서 떠나게 됩니다.

3. 그래도 나와 함께 있으라

"이 말씀을 무슨 뜻으로 하셨는지 그 앉은 자 중에 아는 자가 없고"(요13:28).

지금 제자들은 예수님이 유다에게 왜 떡을 주셨는지, 왜 유다는 그것을 받고 나갔는지 이해하지 못했습니다. 성령께서 이해하지 못하게 하신 것입니다. 그러나 여기에서 중요한 것은 다른 열한 명의 제자들은 이해하지 못해도 예수님의 곁에 그대로 앉아 있었다는 것입니다. 우리는 때로 주님의 뜻을 이해할 수 없을 때가 있습니다. 주님의 계획이 어디에 있는지, 주님의 응답은 언제 이루어질지 도무지 알 수 없어 막막합니다. 그래도 주님 곁에 있어야 합니다. 주님 곁에 붙어있기만 하면 깨달아지고 응답을 경험하게 됩니다.

[나눔과 적용]

1. 자기 의심이 일어나도 본분을 지키며 주님 곁에 붙어 있기 바랍니다.

2. 시험과 고난을 만나더라도 피할 길을 주시고, 승리케 하실 예수님께 붙어 있기 바랍니다.

제23주

사랑하니, 사랑하라(요13:31~35)

미국 캘리포니아 대학교의 에밀리오 페레 박사는 남녀가 오랜 시간 함께 살아가면서 여러 가지 사건들을 함께 경험하며 감정을 느끼고 나누다 보면 얼굴의 근육들이 유사하게 움직이게 되고, 이로 인해 시간이 지날수록 서로의 얼굴이 닮게 된다는 결론을 내렸다고 합니다. 그렇다면 예수님을 가장 많이 닮은 사람은 어떤 사람일까요? 예수님의 말씀을 따라 사랑하는 사람이 예수님을 닮은 제자입니다.

1. 용서하며 사랑하라

"그가 나간 후에 예수께서 이르시되 지금 인자가 영광을 받았고 하나님도 인자로 말미암아 영광을 받으셨도다"(요13:31).

지금 예수님이 이 말씀을 하시기 바로 전에 가룟 유다가 예수님을 배반하고 팔기 위해 나가게 됩니다. 그러나 예수님은 앞으로 일어나게 될 일에 대해 '인자가 영광을 받았고 하나님도 인자로 말미암아 영광을 받으셨도다'라고 말씀하십니다. 예수님은 유다로부터 배신을 당하고 치욕을 당하게 되며 십자가에서 고난을 받으실 것입니다. 이것이 어떻게 영광이 될 수 있습니까? 지금 예수님의 말씀은 용서하고 사랑하면 가능하다고 말씀하고 계십니다.

2. 기다리며 사랑하라

"작은 자들아 내가 아직 잠시 너희와 함께 있겠노라 너희가 나를 찾을 것이나 일찍이 내가 유대인들에게 너희는 내가 가는 곳에 올 수 없다고 말한 것과 같이 지금 너희에게도 이르노라"(요13:33).

예수님은 제자들을 '작은 자들'이라고 부르십니다. 성숙하지 못한 자, 온전하지 못한 자라는 뜻입니다. 예수님이 십자가에 달리시게 되면 제자들이 다 도망갈 것을 예수님은 이미 알고 계셨습니다. 그래서 지금 주님과 함께 있을 때 사랑을 배운 제자들이 주님이 떠나가신 후에도 계속해서 주님을 기다리며 명령하신 사랑을 실천해야 할 것을 말씀하시는 것입니다. 사랑도 실천할 수 있을 때, 기회 있을 때 하는 것입니다. 사랑할 수 있을 때 기다리며 사랑하기 바랍니다.

3. 기억하며 사랑하라

"새 계명을 너희에게 주노니 서로 사랑하라 내가 너희를 사랑한 것같이 너희도 서로 사랑하라"(요13:34).

지금 예수님은 사랑하라 명령하시면서 왜 사랑해야 하는가에 대해 말씀하십니다. 주님이 우리에게 베풀어주신 그 사랑을 기억하고 사랑하라는 것입니다. 사랑하기 위해서는 기억해야 합니다. 예수님이 사랑이시니 우리도 사랑해야 하는 것은 선택이 아니라 '새 계명'이라고 말씀하십니다. 계명은 반드시 지켜야 하는 것입니다. 주님께 받은 사랑을 기억하고 주님이 명령하신 말씀을 기억하여 가정과 이웃, 교회 안에서 사랑을 실천하는 성도가 되기 바랍니다.

[나눔과 적용]

1. 예수님의 끝까지 인내하시는 사랑을 본받아 교회의 지체들을 사랑하는지 생각해 봅시다.

2. 예배 시간에 하나님의 말씀을 잘 듣고 기억하기 위해서 어떠한 노력을 기울일 수 있을까요?

제24주

너희는 근심하지 말라(요14:1~6)

우리가 하는 걱정의 96%는 쓸데없는 걱정입니다. 실제로 일어나지도 않고, 이미 지나가 버린 일들 그리고 중요하지 않은 일에 대한 걱정을 합니다. 예수님은 우리에게 말씀하십니다. '너희는 마음에 근심하지 말라' 왜 우리가 근심하지 말아야 합니까? 인생에 문제가 없어서 근심하지 않는 것일까요? 하나님을 믿기 때문에, 예수님을 믿기 때문에 근심하지 말아야 한다는 것입니다.

1. 거할 곳이 많기에 근심하지 말라

"내 아버지 집에 거할 곳이 많도다 그렇지 않으면 너희에게 일렀으리라 내가 너희를 위하여 거처를 예비하러 가노니"(요14:2).

마음에 근심이 찾아오고 슬픔이 찾아올 때 우리는 마음 둘 곳이 없다며 혼자 염려하고 혼자 근심하며 살아갑니다. 그런데 지금 예수님께서 '내 아버지 집에 거할 곳이 많도다'라고 말씀하십니다. 우리의 마음을 둘 곳은 바로 우리 하나님 아버지 집이고, 우리 하나님 아버지 집에는 거할 곳이 많이 있습니다. 그곳에 다 맡겨두고 근심하지 않기 바랍니다.

2. 길이 있기에 근심하지 말라

"내가 어디로 가는지 그 길을 너희가 아느니라"(요14:4).

사람은 길이 보이지 않거나 길이 없다고 느낄 때 근심하고 낙심하게 됩니다. 그러나 예수님 안에는 반드시 길이 있음을 믿으시기 바랍니다. 사람의 눈에는 길이 보이지 않았지만, 하나님은 이미 길을 열고 준비하고 계십니다. 예수님이 길이시기에 우리는 예수님께 길을 물어보면 됩니다. 주님께 길을 인도해 달라고 기도하세요. 방향도, 목적지도 모르는 상태에 있다면 주님께 어디로 가시느냐 물어보세요. 우리는 그저 주님이 걸어가시는 뒷모습만 보며 따라가면 됩니다.

3. 살아있기에 근심하지 말라

"예수께서 이르시되 내가 곧 길이요 진리요 생명이니 나로 말미암지 않고는 아버지께로 올 자가 없느니라"(요14:6).

무엇이 살아있는 것입니까? 예수님을 믿어야, 예수 안에 있어야 살아있는 것입니다. 예수가 없다면 생명이 없는 것이고, 생명이 없는 자는 살아있으나 죽은 자인 것입니다. 절망과 낙심 속에 있어도 생명되시는 예수님만 그 안에 있다면 우리는 살아있는 자가 되는 것입니다. 예수로 살아있는 자, 예수 안에 거하는 자는 어떤 근심의 문제, 인생의 문제를 만난다 할지라도 다시 회복할 수 있습니다. 근심하지 말고 예수로 살아있는 우리가 되기 바랍니다.

[나눔과 적용]

1. 근심으로 마음 둘 곳이 없을 때 예수님께서 예비하신 곳에 우리 마음을 두시기 바랍니다.

2. 큰 문제가 절망과 낙심을 줄지라도 예수님 안에 거함으로 살아있음을 믿으시기 바랍니다.

제25주
아버지를 보는 방법(요14:7~14)

믿지 않는 불신자들에게 하나님을 믿으라고 하면 하나님이 있으면 보여 달라, 보여주면 믿겠다고 말하는 사람들이 있습니다. 그러나 이 땅에서 하나님을 볼 수 있는 사람은 아무도 없습니다.

"본래 하나님을 본 사람이 없으되 아버지 품속에 있는 독생하신 하나님이 나타내셨느니라"(요1:18).

독생자 예수 그리스도를 통해 우리는 하나님을 볼 수 있습니다.

1. 간절함으로 보라

"빌립이 이르되 주여 아버지를 우리에게 보여주옵소서 그리하면 족하겠나이다"(요14:8).

제자들은 하나님을 만나게 되면 자신들의 인생의 문제, 모든 공허함과 갈등의 문제가 해결될 것을 믿는 간절한 마음으로 하나님을 찾았습니다. 우리의 마음에도 하나님을 만나고자 하는 갈망이 있어야 합니다. 지금 빌립은 하나님 아버지를 보게 된다면 그것만으로 충분하다고 말하고 있습니다. 간절함으로 아버지의 얼굴을 구할 때 하나님은 반드시 그 얼굴을 보이시며 우리의 기도를 들어주십니다.

2. 행하심을 보라

"내가 아버지 안에 거하고 아버지께서 내 안에 계심을 믿으라 그렇지 못하겠거든 행하는 그 일로 말미암아 나를 믿으라"(요14:11).

물리학자 뉴턴은 관성의 법칙, 가속도의 법칙, 작용과 반작용의 법칙을 발견했는데, 이 세 가지 법칙에서 나타나는 힘은 우리 눈에는 보이지 않습니다. 그래서 뉴턴은 모든 힘은 천지를 창조하신 하나님으로부터 왔고 모든 자연 만물은 보이지 않는 창조주의 힘이 유지하고 있다고 말했습니다.

같은 상황 속에서도 하나님을 보는 성도가 있는가 하면 하나님이 일하고 계셔도 하나님을 보지 못하는 사람이 있습니다. 주님께 행하시는 일을 보여달라고 기도하세요. 그러면 반드시 주님께서 일하심을 보여 주십니다.

3. 응답하심으로 보라

"너희가 내 이름으로 무엇을 구하든지 내가 행하리니 이는 아버지로 하여금 아들로 말미암아 영광을 받으시게 하려 함이라"(요14:13).

하나님은 전능하신 분입니다. 그래서 하나님께 구하면 반드시 응답하십니다. 그런데 아무거나 구한다고 다 들어주시는 것은 아닙니다. '너희가 내 이름으로 무엇을 구하든지' 즉 예수님의 이름으로만 구해야 한다는 것입니다. 예수님이 승인을 해 주셔야 한다는 것입니다. 내 욕심과 나의 유익을 위한 기도가 아니라 주님이 보시기에 합당한 기도가 되어야 하고 하나님의 영광을 위해서 구할 때 응답하신다는 것입니다. 내가 하는 기도가 주님께서 기뻐하시는 기도인지 점검해야 합니다.

[나눔과 적용]

1. 우리 안에 하나님의 인도하심과 나타나심을 보고자 하는 간절함이 있는지 생각해 봅시다.

2. 하나님의 행하시는 능력을 통해 아버지 하나님을 만나고 믿기 바랍니다.

제26주

또 다른 보혜사(요14:16~18, 25~27)

'1만 시간의 법칙'이란 한 분야의 전문가가 되기 위해서는 최소한 1만 시간 정도 훈련이 필요하다는 뜻입니다. 그런데 사람의 생명, 죽음, 과거와 미래는 노력해서 바꿀 수 없습니다. 예수님은 인간의 이런 연약함을 아시고 우리를 도와주시는 분이 있음을 말씀하고 있습니다. 바로 보혜사 성령님입니다. 그렇다면 보혜사 성령님은 누구실까요?

1. 도우시는 분

"내가 아버지께 구하겠으니 그가 또 다른 보혜사를 너희에게 주사 영원토록 너희와 함께 있게 하리니"(요14:16).

'보혜사'라는 말은 헬라어로 '파라크레토스'로 '조력자, 격려자, 중재자'라는 의미를 가집니다. 보혜사라는 말의 어원은 '클레오'이며 이 말은 '부르다'라는 뜻입니다. 보혜사는 위기나 어려움 속에서 우리가 부를 때 응답하시고 도와주시는 분이십니다. 구약에서는 성부 하나님이 보혜사였고 신약에서는 예수님이 보혜사였습니다. 지금 예수님은 또 다른 보혜사를 우리에게 주신다고 말씀하십니다. 바로 성령 하나님이십니다. 성령님의 도움을 받기 위해서 우리는 도와달라고 외쳐야 합니다.

2. 함께하시는 분

"그는 진리의 영이라 세상은 능히 그를 받지 못하나니 이는 그를 보지도 못하고 알지도 못함이라 그러나 너희는 그를 아나니 그는 너희와 함께 거하심이요 또 너희 속에 계시겠음이라"(요14:17).

성령님은 예배를 드리는 곳에도 계시고, 집에도, 우리의 일상에도 항상 함께 하시는 분이십니다. '너희는 그를 아나니' 믿는 자들은 성령님이 내 안에 계심을 느낄 수 있고 알 수 있다는 것입니다.

문제는 그 성령님의 인도하심을 제대로 알지 못해 거부하는 것입니다. 도와주러 온 분의 인도하심을 따르지 않으면 돌이킬 수 있는 방법은 없습니다. 성령님이 인도하시는 대로 순종하며 나아갈 때 보혜사 성령님께서 가장 좋은 길로 인도하심을 믿으십시오.

3. 평안을 주시는 분

"평안을 너희에게 끼치노니 곧 나의 평안을 너희에게 주노라 내가 너희에게 주는 것은 세상이 주는 것과 같지 아니하니라 너희는 마음에 근심하지도 말고 두려워하지도 말라"(요14:27).

성령님은 우리가 경험하지 못하고, 알지도 못하고, 심지어 불가능한 일들까지도 해답을 가르쳐주시며 길을 보여주는 분이심을 믿으시기 바랍니다.

그리고 예수님이 우리에게 영원한 구원, 저 천국의 소망, 반드시 승리하실 것을 말씀하셨는데 성령님은 계속해서 우리에게 그것을 기억나게 하십니다. 그러면 우리 안에 평안이 임합니다. 성령이 충만한 성도, 성령님의 음성을 듣는 성도 안에는 평안이 임합니다. 주님이 주시는 평안으로 날마다 승리하는 성도가 되기 바랍니다.

[나눔과 적용]

1. 위기나 어려움 속에서 성령님의 도우심을 간절히 구하며 기도했던 경험을 나누어 봅시다.

2. 세상이 줄 수 없고 성령님만이 주시는 평안을 경험한 순간이 있다면 나누어봅시다.

제27주
기대하는 감사, 기억하는 감사, 기뻐하는 감사(신16:9~12)

과거에 '보릿고개'라는 것이 있었습니다. 지난 해 가을에 수확한 양식이 바닥이 나고 올해 지은 보리는 아직 여물지 않은 4~5월은 빈속을 부여잡고 보리를 추수하게 될 6월이 오기만을 힘들게 기다렸습니다. 첫 보리를 수확할 때의 기쁨은 얼마나 컸을까요? 하나님께서 이스라엘 백성들이 어렵고 힘든 시기를 지나 첫 수확을 할 때 지금까지 인도하시고 지켜주신 하나님께 감사하라고 맥추절을 지키게 하셨습니다. 그렇다면 우리는 어떻게 감사할 수 있을까요?

1. 감사를 기대하라

"일곱 주를 셀지니 곡식에 낫을 대는 첫날부터 일곱 주를 세어"(신16:9).

미국의 정신과 의사이며 뇌과학자인 뵐르 넬슨과 지니 칼리바가 쓴 '감사의 힘'이라는 책에서는 감사에 놀라운 능력이 있다고 말합니다. 감사하는 마음은 심장 박동을 안정시키고 혈압을 낮추며 소화 촉진과 면역력 증진에 기여한다는 것입니다.

사람들은 감사할 제목이 있어야 감사한다고 말합니다. 그러나 원래 감사는 기대하고 감사하는 것입니다. 하나님이 우리에게 행하실 놀라운 일을 기대하며 감사하는 것입니다. 받은 후에 감사하는 것이 아니라 받기 전에 기대하며 기다리는 감사를 해야 합니다.

2. 감사를 기억하라

"네 하나님 여호와 앞에 칠칠절을 지키되 네 하나님 여호와께서 네게 복을 주신 대로 네 힘을 헤아려 자원하는 예물을 드리고"(신16:10).

맥추감사절은 우리의 기억을 되살리는 날입니다. 지난 6개월을 살아오면서 지금까지 지켜주신 것, 일할 수 있게 해 주신 것, 쉴 수 있는 가정을 주신 것, 이 나라에 전쟁이 나지 않게 지켜주신 것 등 우리가 잊고 살아서 그렇지 기억하면 받은 복이 너무나도 많습니다.

'여호와께서 네게 복을 주신 대로 네 힘을 헤아려 자원하는 예물을 드리고' 어떤 사람은 감사를 부담스러워합니다. 강제로 내야 한다고 생각합니다. 아닙니다. 감사는 자유한 것입니다. 하나님도 억지로 감사하라고 말씀하지 않으셨습니다. 자원하는 마음으로 하나님의 은혜를 기억하기 바랍니다.

3. 감사를 기뻐하라

"너와 네 자녀와 노비와 네 성중에 있는 레위인과 및 너희 중에 있는 객과 고아와 과부가 함께 네 하나님 여호와께서 자기의 이름을 두시려고 택하신 곳에서 네 하나님 여호와 앞에서 즐거워할지니라"(신16:11).

감사는 어떻게 해야 할까요? 함께 감사해야 합니다. 함께 기뻐하고 즐거워해야 합니다. 가정 안에 감사의 제목을 찾으세요. 자녀들과 함께 감사의 제목을 나누세요. 직장과 일터에서 감사의 제목을 찾고, 교회 안에 감사할 제목들을 찾기 바랍니다. 그리고 감사를 고백할 때 하나님께서 주시는 감사의 기쁨은 가득 차게 됩니다. 하나님이 택하신 하나님을 믿는 성도는 어떤 상황 속에서도 감사할 수 있습니다.

[나눔과 적용]

1. 맥추감사주일을 맞이하여 우리 삶에서 감사할 것들을 충분히 세어보고 있나요?

2. 지난 6개월 동안 하나님께서 주신 축복들 중에 가장 기억에 남는 것은 무엇인가요?

제28주
사랑을 지키다(요14:19~24)

전봉건 시인의 '사랑'이라는 시에 이런 문구가 있습니다.

"지키는 일이다. 지켜보는 일이다. 사랑한다는 것은"

사랑은 소유하는 것이 아니고 지키는 것이라고 합니다. 우리는 주님을 사랑한다고 말합니다. 주님을 사랑하는 만큼 주님의 말씀을 지키며 순종하며 살아가고 있습니까?

1. 약속을 지키다

"조금 있으면 세상은 다시 나를 보지 못할 것이로되 너희는 나를 보리니 이는 내가 살아 있고 너희도 살아 있겠음이라"(요14:19).

예수님이 제자들에게 약속하고 계십니다. 십자가에 달려 돌아가시게 되어 더 이상 예수님을 볼 수는 없지만 '너희는 나를 보리니 이는 내가 살아있고 너희도 살아있겠음이라' 말씀하십니다. 주님이 부활하실 것을 약속하시기 때문에 다시 예수님을 볼 수 있는 것입니다.

세상은 끝이라고 말할 때 주님은 그것이 끝이 아니라 영원히 함께 하시겠다고 약속하십니다. 이것이 바로 주님의 우리를 향한 사랑입니다. 그리고 주님은 전능하신 하나님이시기에 약속한 것은 반드시 지키시는 분임을 믿기 바랍니다.

2. 하나됨을 지키다

"그 날에는 내가 아버지 안에, 너희가 내 안에, 내가 너희 안에 있는 것을 너희가 알리라"(요14:20).

찰스 쉘던 목사의 '예수님이라면 어떻게 하실까(What would Jesus

do)'라는 책이 있습니다. 19세기 말 미국의 한 부유한 교회에 가난한 부랑자가 찾아갔는데 아무에게도 도움을 받지 못하고 길거리에서 죽게 됩니다. 이 사건에 충격을 받은 레이몬드 교회의 헨리 맥스웰 목사는 교인들에게 '예수님이라면 어떻게 하실까'라는 기준을 가지고 1년만 살아보자고 권면합니다. 이후 교회가 변하고 지역이 변해서 굶어 죽는 사람이 없는 살기 좋은 도시로 변화되었습니다.

'내가 너희 안에 있는 것을 너희가 알리라' 이미 주님이 우리 안에 계셨다는 것을 알게 된다는 뜻입니다. 주님 안에 거하세요. 이미 주님과 우리는 하나로 주님께서 내 안에서 역사하시며 위로하시며 도와주시고 계십니다.

3. 계명을 지키라

"나의 계명을 지키는 자라야 나를 사랑하는 자니 나를 사랑하는 자는 내 아버지께 사랑을 받을 것이요 나도 그를 사랑하여 그에게 나를 나타내리라"(요14:21).

예수님을 사랑하는 자는 주님의 계명을 지키는 자라고 말씀하고 계십니다. '지킨다'는 말은 원어로 '테레오'라는 단어이고 이 말은 '보존한다, 간직한다'의 의미입니다. 주님의 말씀이 너무 소중하고 귀한 것이기 때문에 주님의 말씀을 지키고 따른다는 것입니다.

그렇다면 주님의 계명, 주님의 말씀은 무엇입니까? 하나님을 사랑하고, 이웃을 사랑하라입니다. 주님을 사랑함으로 주님의 계명을 지키는 성도가 되기 바랍니다.

[나눔과 적용]

1. 예수님과 하나됨을 경험했던 순간에 어떤 변화가 있었는지 나누어 봅시다.

2. 주님의 말씀을 사랑으로 지켜내기 위해 삶의 우선순위가 변화된 경험이 있다면 나누어 봅시다.

제29주
내 안에 거하라(요15:4~10)

'뭉치면 살고 흩어지면 죽는다' 라는 말이 있습니다. 예수님을 포도나무로, 우리는 포도나무에 붙어 있는 가지로 비유하셨습니다. 우리는 예수님께 붙어있어야만 살 수 있고 열매를 맺을 수 있다는 것입니다. 예수님과 우리의 관계는 아는 사이가 아닌, 함께 살아가는 삶입니다.

1. 스스로 열매 맺을 수 없다

"내 안에 거하라 나도 너희 안에 거하리라 가지가 포도나무에 붙어 있지 아니하면 스스로 열매를 맺을 수 없음같이 너희도 내 안에 있지 아니하면 그러하리라"(요15:4).

포도열매는 가지에 달립니다. 그러므로 가지가 나무에 붙어 있지 않으면 열매를 맺을 수 없습니다. 왜냐하면 생명으로부터 끊어졌기 때문입니다.

"나는 참포도나무요 내 아버지는 농부라"(요15:1).

영어로 '농부'를 'vine dresser' 즉 포도나무를 가꾸는 사람으로 표현했습니다. 왜 우리가 우리를 기르시는 하나님 아버지의 돌보심 안에 있어야 합니까? 우리로 더 많은 열매를 맺게 하기 위함이라는 것입니다.

2. 떠나서는 아무것도 할 수 없다

"나는 포도나무요 너희는 가지라 그가 내 안에, 내가 그 안에 거하면 사람이 열매를 많이 맺나니 나를 떠나서는 너희가 아무것도 할 수 없음이라"(요

15:5).

물고기는 물을 떠나 살 수 없고, 사람은 산소 없이 살 수 없듯 우리는 예수님을 떠나서는 절대로 살 수 없습니다. '나를 떠나서는'이라는 말은 예수님을 배반하는 것만 뜻하는 것이 아니라 예수님과 무관한 선택, 예수님 없이 하는 삶의 모든 결정을 뜻합니다. 우리는 예수님 없이는 아무것도 할 수 없습니다. 그러나 예수님 안에 있고 예수님의 능력을 의지하면 무엇이든 가능함을 믿으시기 바랍니다.

3. 안에 거하면 열매를 많이 맺는다

"너희가 내 안에 거하고 내 말이 너희 안에 거하면 무엇이든지 원하는 대로 구하라 그리하면 이루리라"(요15:7).

'내 안에 거한다'는 말은 지식적으로, 종교적으로 예수님을 아는 것이 아니라 주님과 친밀한 삶의 교제, 영적 교통을 하는 것을 뜻합니다. 우리 모든 삶의 순간이 주님과 함께 동행하는 삶을 살아야 함을 말하는 것입니다. 하루의 시작을 기도하며 주님과 함께 시작하고, 하루의 끝을 기도하며 주님과 함께 끝내는 것입니다. 하루 세 번 육신의 양식을 먹을 때 주님과 함께 먹고 살아감에 감사하며 기도하는 것입니다. 그렇게 할 때 주님의 말씀이 내 마음에 뿌리내리고, 그 말씀이 순종으로 나타나면서 열매를 맺는 것입니다.

[나눔과 적용]

1. 예수님을 '아는' 정도인지, 아니면 '붙어 있는 가지' 인지 돌아보며 나눠봅시다.

2. 삶의 영역에서 내 힘이 아닌 예수님의 힘으로 성공한 경험이 있다면 나누어 봅시다.

제30주
나의 참 친구(요15:12~17)

'군중 속의 고독'이라는 말은 1950년에 미국의 사회학자인 데이비드 리스먼이 현대화에 접어드는 미국 사회를 분석하며 미래 사람들의 모습을 예측한 책의 제목입니다. "산업사회 속의 현대인은 주변을 의식하며 살아간다. 그 이유는 그들 대열에서 낙오되지 않기 위해서다. 즉 겉으로는 사교적인 모습이지만 내면의 고립감과 충돌하며 번민하게 된다. 그래서 그들은 항상 고독하다."

딱 지금 우리 사회의 모습입니다. 그런데 예수님께서 오늘 우리를 '너는 나의 친구다'라고 말씀하십니다.

1. 목숨을 버리는 친구

"사람이 친구를 위하여 자기 목숨을 버리면 이보다 더 큰 사랑이 없나니"(요15:13).

친구를 위해 목숨을 버리는 사람이 있을까요? 목숨은 하나밖에 없는 가장 귀한 것인데 우리를 위해 자신의 목숨을 버리면서까지 사랑한 친구가 바로 예수 그리스도입니다.

그런데 예수님과 우리는 원래 친구가 될 수 없는 관계입니다. 예수님은 거룩하신 분이고 우리는 죄인입니다. 위치가 맞지 않고 자격이 없습니다. 그럼에도 주님이 우리를 위해 목숨을 버리신 이유는 단 하나, 우리를 사랑하시기 때문입니다. 예수님이 자신을 다 내어주신 우리의 친구시기에 우리가 주님을 사랑하는 데에도 이유가 없고, 주님을 섬기고 주님을 위해 살아가는데 조건이 없어야 합니다.

2. 약속을 지키는 친구

"너희는 내가 명하는 대로 행하면 곧 나의 친구라"(요15:14).

예수님과 3년 반을 함께 생활했던 제자들에게 예수님은 스승이시며 또한 하나님의 아들입니다. 그런데 예수님의 마지막 가르침에서 '내가 명하는 대로 행하면 곧 나의 친구'라고 말씀합니다. 이는 마치 친구와 약속을 지키는 것 같이 제자들이 자원하는 마음으로, 기쁜 마음으로 주님의 명령을 행하기를 원하신 것입니다. 우리도 이렇게 주님의 말씀을 지키면 예수님의 친구가 되고 주님은 우리의 모든 것을 이해하시고 도와주시는 친구가 되어 주십니다.

3. 잘되기를 바라는 친구

"너희가 나를 택한 것이 아니요 내가 너희를 택하여 세웠나니 이는 너희로 가서 열매를 맺게 하고 또 너희 열매가 항상 있게 하여 내 이름으로 아버지께 무엇을 구하든지 다 받게 하려 함이라"(요15:16).

친구 되시는 주님은 우리가 잘 되기를 원하시고, 또한 손수 잘 되게 하시는 분이심을 믿으시기 바랍니다. 예수님은 자신의 이름을 우리에게 허락해 주셔서 예수님의 이름으로 하나님께 무엇을 구하든지 다 받게 해 주시겠다고 약속하십니다.

막막한 삶의 문제 속에서 도움을 받을 수 있는 친구가 하나도 없다고 느껴지십니까? 우리가 잘되기를 바라며 우리의 친구가 되시는 주님께서 반드시 좋은 길로 인도하실 줄 믿습니다.

[나눔과 적용]

1. 나를 위해 목숨을 버리신 참된 친구 예수님을 만난 경험에 대하여 나누어 봅시다.

2. 나의 참 친구되시는 예수님께 삶의 어려움들을 아뢰시기 바랍니다.

제31주
미움받을 용기(요15:18~27)

일본 철학자인 기시미 이치로가 쓴 '미움받을 용기'라는 책이 있습니다. 사람들은 인정받고 사랑을 받기 위해 애를 씁니다. 그러나 나의 행복을 위해 진짜 필요한 것은 미움을 받더라도 그것에 내 감정이 흔들리고, 삶의 목표가 영향을 받지 않는 미움받을 용기가 필요한 것입니다.

1. 택함 받은 자는 미움을 받는다

"너희가 세상에 속하였으면 세상이 자기의 것을 사랑할 것이나 너희는 세상에 속한 자가 아니요 도리어 내가 너희를 세상에서 택하였기 때문에 세상이 너희를 미워하느니라"(요15:19).

예수님을 믿으면 세상에서는 당연하다고 여기는 것들을 하지 말아야 하고, 세상 사람들이 누리는 것을 포기해야 할 때가 많습니다. 사람들은 일요일은 쉬는 날이라고 알고 있는데 성도는 '주일'이라고 부르며 주님의 날, 거룩한 날로 지킵니다. 성도는 술, 담배, 세속적인 향락에 취하지 않습니다. 우리의 몸은 성령이 거하시는 거룩한 성전이라고 말씀하셨기 때문입니다. 성도는 정직해야 합니다. 부당한 이익, 부정한 일을 하면 안 됩니다. 하나님 앞에서 죄를 지을 수 없기 때문입니다. 그래서 세상이 우리를 미워한다는 것은 곧 우리는 예수님께 택함을 받은 사람들이라는 증거가 되는 것입니다.

2. 순종하는 자는 미움을 받는다

"내가 너희에게 종이 주인보다 더 크지 못하다 한 말을 기억하라 사람들이 나를 박해하였은즉 너희도 박해할 것이요 내 말을 지켰은즉 너희 말도 지킬 것이라"(요15:20).

세상은 하나님께 순종하는 자들을 미워합니다. 세상은 본질적으로 하나님을 거부하기 때문입니다. 세상은 하나님께 속한 것을 싫어하고, 하나님의 뜻을 따르는 것을 미워합니다.

'사람들이 나를 박해하였은즉 너희도 박해할 것이요' 예수님이 박해를 받으신 이유, 십자가를 지신 이유가 하나님의 뜻에 순종하셨기 때문입니다. 만약 하나님의 말씀에 순종하는데 박해가 찾아온다면 그때 기억하십시오. '내가 지금 주님의 길을 제대로 걸어가고 있구나!'

3. 이유 없이 미움을 받는다

"그러나 이는 그들의 율법에 기록된 바 그들이 이유 없이 나를 미워하였다 한 말을 응하게 하려 함이라"(요15:25).

예수님의 고난은 이유 없는 고난이었습니다. 그렇기 때문에 재판을 맡은 빌라도도 예수님의 죄가 무엇인지를 밝혀내지 못했습니다. 주님은 이유 없는 미움을 받으셨지만 그 고난에도 하나님의 뜻하심이 있었습니다. 우리에게 어떤 고난과 아픔, 미움이 있다 해도 결코 혼자 겪는 고난이 아닙니다. 주님이 함께 하십니다. 주님도 그 미움을 당하셨습니다. 그리고 성령님이 우리를 인도하십니다. 낙심하지 말고 성령님을 의지하여 담대한 믿음으로 용기를 내기 바랍니다.

[나눔과 적용]

1. 예수님을 따르면서 세상으로부터 오해나 거절을 경험한 적이 있다면 나누어 봅시다.

2. 하나님의 뜻에 순종하려다 갈등이나 불편함을 겪었던 경험이 있다면 나누어 봅시다.

제32주
넘어질 때 기억하라(요16:1~6)

미국 메이저리그 최초의 한국인 선수였던 박찬호 선수가 슬럼프에 빠졌습니다. 그는 빠른 공을 던지는 투수였는데 슬럼프를 겪으면서 더 이상 빠른 공을 던지지 못하게 되었습니다. 그때 예전보다 속도는 느리지만 변화구를 던지는 훈련을 꾸준히 했고, 체인지업이라는 변화구로 다시금 최고의 선수 자리에 오를 수 있었습니다.

성도가 믿음생활을 하는데도 슬럼프가 찾아오고 영적인 침체와 시험이 올 때가 있습니다. 어떻게 이겨낼 수 있을까요?

1. 사람에게 실족할 때

"사람들이 너희를 출교할 뿐 아니라 때가 이르면 무릇 너희를 죽이는 자가 생각하기를 이것이 하나님을 섬기는 일이라 하리라"(요16:2).

제자들을 배척하고 내쫓는 사람들이 자신들이 하는 일이 하나님을 위하는 일이고, 하나님이 원하시는 일이라고 한다는 것입니다.

"그들이 이런 일을 할 것은 아버지와 나를 알지 못함이라"(요16:3).

하나님을 위하는 일이라고 말하지만 정작 그들은 하나님과 예수님을 알지 못하는 자들입니다. 그럴듯한 말로, 도무지 내가 거절할 수 없는 말로 나를 넘어뜨리려 해도 주님이 하신 말씀을 기억하세요. '그들은 아버지와 나를 알지 못한다!'

2. 고난으로 실족할 때

"오직 너희에게 이 말을 한 것은 너희로 그때를 당하면 내가 너희에게 말한 이것을 기억나게 하려 함이요 처음부터 이 말을 하지 아니한 것은 내가 너희와 함께 있었음이라"(요16:4).

지금까지 제자들은 예수님과 함께 생활하면서 문제들은 주님이 해결해 주셨습니다. 그러나 이제 예수님이 제자들의 곁을 떠나게 되고 제자들의 홀로서기가 시작됩니다. 앞으로 고난을 만나면 어떻게 해야 합니까? 주님이 하신 말씀들을 기억하면서 실족하지 말라고 하시는 것입니다. 주님의 말씀을 기억하고 주님께 모든 것을 믿고 맡기기 바랍니다.

3. 믿음이 없어 실족할 때

"도리어 내가 이 말을 하므로 너희 마음에 근심이 가득하였도다"(요16:6).

지금 예수님이 가신다는 말씀에 근심하고 실족하고 있는 제자들의 모습이 바로 주님의 말씀에 대한 믿음이 없는 모습인 것입니다. 주님이 멀리 계신다는 것은 믿음이 없는 우리의 느낌일 뿐이지 사실이 아닙니다. 믿음은 감정이 아니라 살아계신 하나님을 신뢰하는 것, 그분께 소망을 두는 것입니다. 그래서 예수님이 말씀하십니다.

"오직 너희에게 이 말을 한 것은 너희로 그때를 당하면 내가 너희에게 말한 이것을 기억나게 하려 함이요…"(요16:4).

믿음이 없어 실족하게 될 때 주님이 함께하심을 기억하기 바랍니다. 예수님은 멀리 계신 분이 아니라 우리에게 성령을 보내주셨고 그 성령님이 항상 우리와 함께하심을 믿으시기 바랍니다.

[나눔과 적용]

1. 사람에게 실족할 때 그 사람을 너무 믿고 의지하지는 않았는지 생각해 봅시다.

2. 고난으로 실족할 때 주의 말씀을 기억하고 찾으시기 바랍니다.

제33주
죄에 대해, 의에 대해, 심판에 대하여(요16:7~15)

자녀를 바른길로 인도하는 부모는 모든 것을 자녀 대신 해주고, 해달라는 대로 다 들어주는 부모가 아닙니다. 가르쳐야 하고 깨닫게 하고 때로는 훈계를 해야 합니다. 마찬가지로 성령님도 우리를 깨닫게 하시고 때로 우리가 그릇된 길로 갈 때는 책망도 하시며 우리를 도우시는 분이십니다. 성령이 우리에게 임하실 때 죄에 대해, 의에 대해, 심판에 대해 깨닫게 하신다고 하는데 무엇인지 알아봅시다.

1. 죄에 대하여

"죄에 대하여라 함은 그들이 나를 믿지 아니함이요"(요16:9).

세상에서 말하는 '죄'는 규범이나 윤리에 어긋나거나 반하는 행위입니다. 그래서 각 시대나 국가, 사회, 문화에 따라 다르게 결정됩니다. 그러나 성경이 말하는 '죄'는 '예수님을 믿지 않는 것'이라고 분명하게 말씀합니다. 예수님을 믿지 않고 하는 모든 일들이 선한 일이라 해도 예수님을 믿지 않는 것 자체가 죄이기에 근본적인 죄의 문제가 해결되어야 의미있는 일이 될 수 있습니다.

또 예수님을 믿는다고 하면서 삶을 맡기지 못하고 그분을 신뢰하지 않고 주님 뜻대로 살지 않는다면 그것도 죄입니다.

2. 의에 대하여

"의에 대하여라 함은 내가 아버지께로 가니 너희가 다시 나를 보지 못함이요"(요16:10).

세상에서 말하는 '의'는 도덕적이고 용감하며 때로는 정의를 위해

복수를 하는 것입니다. 그러면 성경에서 말씀하는 '의'는 무엇일까요? 성경에서의 '의'는 '하나님과의 관계'를 말합니다. 노아, 아브라함, 욥은 하나님을 경외한 의로운 자라고 말씀합니다. 즉 하나님과 올바른 관계를 맺고 있는 것, 믿음을 통해 하나님께서 의롭다고 인정하는 것이 바로 '의'입니다. 그래서 의의 판단과 기준은 하나님께 있습니다. 하나님과의 온전한 관계 속에서 하나님의 뜻대로 행함으로 하나님께 인정받는 의인이 되길 바랍니다.

3. 심판에 대하여

"심판에 대하여라 함은 이 세상 임금이 심판을 받았음이라"(요16:11).

세상의 모든 사람들이 다 죽는 것같이 죽음 이후에 심판이 있다는 것을 반드시 기억해야 합니다. 믿는 자는 천국에 가지만 불신자는 지옥에 가는 것은 이미 결정된 심판의 결과입니다. 믿는 자들이 받는 심판은 이 땅에서 수고하고 헌신한 결산의 심판을 받는 것입니다.

성령께서는 심판에 대해 우리로 깨닫게 하십니다. 믿지 않는 자에게는 복음이 전파됨으로 지옥에서부터 천국백성으로 구원의 길을 열어주시는 것이고, 믿는 자에게는 구원받은 것이 끝이 아니라 이 땅에서 수고하고 헌신함으로써 하늘의 상급을 쌓아야 함을 알게 하시는 것입니다. 결산의 심판을 위해 주님이 주신 건강과 시간과 물질을 가지고 상급을 많이 쌓기 바랍니다.

[나눔과 적용]

1. '의'가 도덕이나 정의가 아닌 '하나님과의 관계'라는 말씀이 삶에 어떤 변화를 주나요?

2. 죽음 이후의 심판을 얼마나 의식하며 살아가고 있나요?

제34주
지나가는 근심, 머무는 기쁨(요16:16~24)

가장 어려운 경기를 마친 손흥민 선수가 자신의 SNS에 이런 글을 썼습니다. 'When life gives you lemons..score a hat-trick(세상이 내게 시련을 준다면.. 해트트릭을 하면 된다)'

멘탈이 강한 사람들의 특징은 스스로에게 엄격하고 고난과 실패에 연연하지 않고 미래를 바라본 사람들입니다. 성도들도 멘탈이 강해야 합니다. 근심은 잠깐 지나가는 것이지만 기쁨은 영원한 것임을 주님은 약속하고 계십니다.

1. 근심은 지나간다

"조금 있으면 너희가 나를 보지 못하겠고 또 조금 있으면 나를 보리라 하시니"(요16:16).

우리에게 왜 고난이 힘들게 느껴지고, 고통과 근심이 어렵게 느껴집니까? 언제 끝날지 알 수가 없기 때문입니다.

"또 말하되 조금 있으면 이라 하신 말씀이 무슨 말씀이냐 무엇을 말씀하시는지 알지 못하노라 하거늘"(요16:18).

지금 제자들이 '조금 있으면'이라는 시간에 집착하고 있습니다. 그런데 예수님은 너희가 나를 보지 못하는 때가 있는가 하면 다시 보게 될 때가 온다고 말씀하고 계십니다.

근심은 지나가는 시간임을 믿으시기 바랍니다. 근심과 절망은 우리의 신앙의 길에 반드시 들리게 되는 정차역은 맞지만, 우리에게는 반드시 기쁨의 종착역이 있음을 믿으시기 바랍니다.

2. 근심과 기쁨의 교차점

"내가 진실로 진실로 너희에게 이르노니 너희는 곡하고 애통하겠으나 세상은 기뻐하리라 너희는 근심하겠으나 너희 근심이 도리어 기쁨이 되리라"(요16:20).

'터닝포인트'라는 말이 있습니다. 인생의 중요한 전환점이나 변화의 순간입니다. 성경에서 요셉, 모세, 다윗처럼 고난이 터닝포인트가 되었던 사람들은 하나같이 그 시기를 통해 주님을 깊이 경험한 사람들입니다. 고난으로 인해 낙심하고 절망하는 것이 아니라 주님을 만나고 경험하는 시간이 되어야 합니다. 더욱 주님을 의지하여 기도하고 간절히 찾으면 지금의 근심이 변하여 기쁨이 됩니다.

3. 기쁨은 영원하다

"지금은 너희가 근심하나 내가 다시 너희를 보리니 너희 마음이 기쁠 것이요 너희 기쁨을 빼앗을 자가 없으리라"(요16:22).

고통을 계속해서 기억하고 있는 것은 복이 아닙니다. 그것이 지속되면 일상생활도 어렵게 됩니다. 그래서 하나님께서 우리에게 주신 은혜 중에 망각의 은혜라는 것이 있습니다. 근심이 지나간다는 것은 무엇을 의미합니까? 이제 기억하지 않는다는 것입니다. 어떻게 우리가 고통을 기억하지 않을 수 있을까요? 주님이 우리 안에 계시면 기쁨을 주시고 또 주님이 주시는 기쁨은 영원하기 때문입니다. 영원한 기쁨이 되시는 주님 안에 거하고 머무는 성도가 되기 바랍니다.

[나눔과 적용]

1. 근심의 순간에 주님을 어떻게 의지할 수 있을지 함께 나누어 봅시다.

2. 우리 삶의 터닝 포인트의 순간에 주님와 어떤 만남이 있었는지 생각해 봅시다.

제35주
세상을 이기는 방법(요16:25~33)

바다에 서서 밀려오는 파도에 맞서본 적이 있습니까? 가만히 서 있기도 힘든 것이 파도의 힘입니다. 세상도 그렇습니다. 상식이 통하지 않는 불의한 세상에서 그리스도인으로 살아가는 것은 어렵습니다. 그래서 예수님도 우리가 세상에서 환난을 당한다고 말씀하셨습니다. 그러나 예수님과 함께 하는 사람, 주님을 신뢰하고 의지하는 성도는 반드시 세상을 이길 수 있습니다. 왜냐하면 주님이 세상을 이기셨기 때문입니다. 우리가 세상을 이기는 방법은 무엇일까요?

1. 이름의 능력

"지금까지 너희가 내 이름으로 아무것도 구하지 아니하였으나 구하라 그리하면 받으리니 너희 기쁨이 충만하리라"(요16:24).

사도행전 3장에 보면 베드로와 요한이 성전에 올라갈 때 태어나면서부터 걷지 못하는 사람이 구걸하며 도와달라고 손을 내밉니다. 그때 베드로가 은과 금은 없지만 나사렛 예수 그리스도의 이름으로 일어나 걸으라고 말할 때 그 사람이 일어나 걷게 되었습니다.

그의 인생을 변화시키고 온전하게 한 것은 은과 금이 아니라 바로 예수의 이름이었습니다. 예수의 이름에 능력이 있습니다.

2. 믿음의 능력

"우리가 지금에야 주께서 모든 것을 아시고 또 사람의 물음을 기다리시지 않는 줄 아나이다 이로써 하나님께로부터 나오심을 우리가 믿사옵나이다"(요16:30).

제자들은 주님이 떠나신다는 말씀에 두려워했습니다. 그러나 주님의 말씀을 듣고 난 후 그들 안에 믿음이 생겼습니다. 우리가 복음을 듣고 예수님을 믿으면서 구원을 받겠다는 믿음이 생겼다면 계속해서 하나님의 말씀을 듣고 묵상하고 삶에 적용하면서 믿음이 성장해야 합니다. 생수의 근원이 되시는 주님의 말씀이 우리 안에 있어야 믿음이 성장하고 깊어지는 것입니다. 우리에게 큰 믿음, 담대한 믿음이 필요하다면 주님의 말씀에 대한 간절함이 있어야 합니다. 그러면 어떤 세상의 공격을 받는다 해도 말씀으로 이길 수 있습니다.

3. 평강의 능력

"이것을 너희에게 이르는 것은 너희로 내 안에서 평안을 누리게 하려 함이라 세상에서는 너희가 환난을 당하나 담대하라 내가 세상을 이기었노라"(요16:33).

요즘 젊은 사람들은 '워라밸'을 중요하게 여깁니다. 'Work and Life Balance'의 줄임말로 일과 삶이 균형을 맞추는 것입니다. 그런데 이미 성경은 우리에게 삶의 균형을 맞추는 방법을 말씀하십니다. 그것은 '평강'입니다. 오직 예수 그리스도만이 평강이 되시고 예수 그리스도 안에 있을 때 평안을 얻게 됨을 믿으시기 바랍니다. 우리가 승리자가 될 수밖에 없는 이유는 모든 승리가 주님께 있기 때문입니다. 그 예수님을 믿고 의지하는 우리는 반드시 승리할 수 있습니다.

[나눔과 적용]

1. 예수님의 이름으로 기도해 응답받은 경험이 있다면 함께 나누어 봅시다.

2. 세상의 혼란 속에서 주님의 평강이 길이 되었던 경험이 있다면 함께 나누어 봅시다.

第36주
이렇게 기도하라(요17:20~26)

인생의 마지막 순간은 예상하지 못하게 오기 때문에 우리는 준비를 해야 합니다. 오늘 본문은 예수님이 잡히시기 전 마지막으로 하신 기도문으로 예수님의 유언과 같은 것입니다. 지금 예수님은 사명의 기도를 우리에게 알려주고 계십니다. 우리는 이 기도를 통해 주님이 원하시는 사명, 주님의 원하시는 제자의 모습을 배울 수 있습니다.

1. 영생을 위한 기도

영생은 영어로 'Eternal life' 즉 영원한 생명입니다. 주님이 말씀하시는 영생의 의미는 무엇일까요?

"영생은 곧 유일하신 참 하나님과 그가 보내신 자 예수 그리스도를 아는 것이니이다"(요17:3).

예수님은 영생을 '아는 것'이라고 말씀합니다. 이는 지식적으로 아는 것이 아니라 경험을 통해, 지속적인 관계 속에서 아는 것입니다. 따라서 영생은 죽음 이후에 일어나는 것이 아니라 오늘을 사는 성도도 영생의 삶을 살아가는 것입니다. 예수님이 내 인생의 권한을 가지고 계심을 믿고 의지하는 자는 영생을 사는 사람입니다.

2. 진리를 위한 기도

"그들을 진리로 거룩하게 하옵소서 아버지의 말씀은 진리니이다"(요17:17).

진리가 무엇입니까? '거룩하다'는 단어는 '성별하다'의 의미입니다. 거짓과 분리된, 세상과 분리된 것을 뜻하는 것입니다. 즉 진리란 세상의 죄, 세상의 악한 것들, 세상의 탐욕과 정욕에서부터 분리하게 만드는 힘입니다. '아버지의 말씀은 진리니이다' 즉 하나님의 말씀이 진리라는 것입니다. 지난 2000년의 시간 동안 하나님의 말씀을 받고 들은 사람들은 말씀의 능력을 경험하게 되었고, 말씀으로 변화되었고, 말씀으로 구원을 얻었습니다. 하나님은 여전히 우리의 삶에 말씀으로 일하시고 말씀으로 기적을 행하심을 믿으시기 바랍니다.

3. 하나됨을 위한 기도

"아버지여, 아버지께서 내 안에, 내가 아버지 안에 있는 것같이 그들도 다 하나가 되어 우리 안에 있게 하사 세상으로 아버지께서 나를 보내신 것을 믿게 하옵소서"(요17:21).

미국의 철학자인 마이클 린치 교수가 쓴 '우리는 맞고 너희는 틀렸다'라는 책에서 사람들은 '오만함'에 끌린다고 말합니다. 내가 알고 믿는 것만이 진리라고 여기는 순간부터 생기는 오만함은 다른 사람의 생각과 의견을 받아들이지 못하고 분열로 몰아갑니다.

그러나 성경에서는 분열하는 것을 악한 것으로 정의합니다. 오늘날 우리는 하나됨을 위해 기도해야 합니다. 먼저는 하나님과 하나가 되고, 예수님과 하나가 되고, 우리가 하나가 되는 것입니다. 하나가 되게 하는 것은 바로 사랑입니다. 예수님이 우리를 사랑하신 것을 믿는다면 우리도 서로 사랑해야 합니다.

[나눔과 적용]

1. 예수님이 내 인생을 다스리신다는 믿음이 삶에 어떻게 나타나고 있는지 함께 나누어 봅시다.

2. 진리로 인해 자유함이나 거룩함을 경험한 순간이 있다면 언제였는지 생각해 봅시다.

제37주
위대한 명령, 놀라운 약속(마28:16~20)

본문의 마태복음 28장 19절에서 20절 말씀을 'The Great Commission(지상 최대의 명령)'이라고 부릅니다. 예수님의 마지막 말씀이면서 동시에 제자들에게 남기신 명령이며 유언이기 때문입니다. 주님의 명령은 한 마디로 '가서 제자 삼으라'입니다.

1. 의심하는 사람들

"예수를 뵈옵고 경배하나 아직도 의심하는 사람들이 있더라"(마28:17).

의심은 믿지 못할 때, 불확실할 때 즉 믿음이 없을 때 찾아옵니다. 예수님은 우리를 예수님을 아는 자들로 부르신 게 아닙니다. 예수님을 믿는 자가 되어야 합니다.

"우리가 다 하나님의 아들을 믿는 것과 아는 일에 하나가 되어 온전한 사람을 이루어 그리스도의 장성한 분량이 충만한 데까지 이르리니"(엡4:13).

예수님을 믿는 것이 먼저이고, 그 다음에 아는 것입니다. 예수님을 믿게 되니 말씀이 보이고, 믿게 되니 십자가 사명이 무엇인지 알게 되고, 믿게 되니 성령의 역사하심과 기도의 응답이 무엇인지 알게 되는 것입니다.

2. 변화된 사람들

"그러므로 너희는 가서 모든 민족을 제자로 삼아 아버지와 아들과 성령의 이름으로 세례를 베풀고"(마28:19).

'세례를 베풀라'고 말씀하십니다. 세례가 무엇입니까? 당시에는 침례를 행했는데 온 몸이 물 속에 잠겼다가 나오는 것입니다. 그리스도와 함께 물에 들어감으로 죽고, 나오면서 그리스도로 다시 살아나는 것, 즉 완전히 새로운 사람으로 바뀌는 것이 침례의 목적입니다.

제자가 된 사람은 변화가 일어나야 합니다. 이전에는 사람을 의지하고, 물질을 의지하고, 내 능력을 의지하고 살았다면 이제는 하나님 아버지를 의지하고, 예수님을 의지하고, 성령님을 의지하며 살아가는 자로 변화가 일어나야 한다는 것입니다.

3. 지키는 제자들

"내가 너희에게 분부한 모든 것을 가르쳐 지키게 하라 볼지어다 내가 세상 끝날까지 너희와 항상 함께 있으리라 하시니라"(마28:20).

예수님을 믿는다는 것은 예수님을 믿고 얼마나 많이 알게 되었고, 얼마나 많은 복을 받았는가가 중요한 것이 아니라 내가 하나님의 축복을 받는 자녀, 즉 하나님의 자녀가 되었다는 것입니다. 제자로 살아가는 삶, 주님이 우리에게 말씀하신 그 명령을 가르치고 지키고 살아가는 삶 그 자체를 말하는 것입니다. 제자는 사명을 위해 존재하는 사람입니다.

[나눔과 적용]

1. 내가 예수님의 제자가 되는 것을 방해하는 마음속의 의심이 있는지 생각해 봅시다.

2. 우리의 신앙생활은 개선되어 가나요, 아니면 개혁을 이루게 되었나요?

제38주

진리가 자유케 하리라(요8:32)

인생을 살아갈 때 내 맘대로 되는 것이 하나도 없다며 푸념하는 경우가 종종 있습니다. 그런데 이 말은 믿음의 말은 아닙니다. 우리는 내 마음대로 되는 인생이 아니라 주님 뜻대로 되는 인생이 되어야 하기 때문입니다. 왜 그렇습니까? 우리는 우리 인생을 책임질 수 없는 사람들이기 때문입니다.

1. 진리는 예수그리스도입니다

"진리를 알지니 진리가 너희를 자유롭게 하리라"(요8:32).

진리가 무엇입니까?

"예수께서 이르시되 내가 곧 길이요 진리요 생명이니 나로 말미암지 않고는 아버지께로 올 자가 없느니라"(요14:6).

진리는 예수 그리스도입니다. 그렇다면 자유는 무엇일까요? 사전의 의미는 '외부적인 구속이나 무엇에 얽매이지 아니하고 자기 마음대로 할 수 있는 상태'입니다. 우리나라는 자유 민주주의 국가입니다. 표현, 양심, 종교 등 여러 종류의 자유가 있는데 이런 자유를 보장받기 위해서는 대한민국 헌법이 보장해야 합니다. 마찬가지로 우리가 자유를 얻기 위해서는 진리되시는 예수님 안에서만 자유가 보장되는 것입니다.

2. 진리는 말씀입니다

"그러므로 예수께서 자기를 믿은 유대인들에게 이르시되 너희가 내 말에 거하면 참으로 내 제자가 되고 진리를 알지니 진리가 너희를 자유롭게 하리라"(요8:31~32).

'내 말에 거하면' 즉 예수님의 말씀 안에 거하라는 것입니다. 그 아래에서 보호하심을 얻어야 하고, 주님의 말씀 안에 있을 때 우리는 참 자유를 얻을 수가 있다는 것입니다.

세상에는 그릇된 진리가 너무나 많습니다. 여기에 평안이 있고, 여기에 행복이 있고, 여기에 길이 있다고 하지만 예수님이 없는 곳은 진리를 가장한 거짓, 유사품입니다. 그래서 우리는 늘 내가 지금 예수님 안에 있는지 자가 점검을 해야 합니다.

19세기 미국의 신학자이며 목회자인 조나단 에드워즈가 제시한 신앙의 자기 점검표가 있습니다.

첫째, 주일성수와 하나님의 집에 대한 점검-온전한 예배생활을 하는가, 예배자로서 합당한 언행을 하는가, 찬송과 기도를 하는가

둘째, 은밀한 죄에 대한 점검-성경을 열심히 읽고 있는가, 기도를 열심히 하는가, 육체의 정욕을 구하지는 않는가

셋째, 이웃을 향한 태도 점검-나는 온유한 자인가, 이웃에게 신실한 자인가, 죄악의 길을 가는 자를 구제하는가

넷째, 가정생활에 대한 점검-가족 모두를 사랑하는가, 혼인 서약을 잘 이행하는가, 가정에서 내 역할에 충실한가

이 신앙의 점검표도 결국 주님의 말씀에 순종하는 자인가 아닌가를 묻고 있는 것입니다. 주님은 우리의 인생의 모든 답을 알고 계시고 우리가 가야 할 길을 알고 계십니다. 그리스도께 매인 자는 반드시 주님이 세상에서 자유한 자로 살아가게 하시고, 우리 인생의 모든 짐은 주님이 책임져 주십니다.

[나눔과 적용]

1. 주님의 뜻보다 우리 자신의 뜻을 앞세웠던 순간이 있다면 진솔하게 나누어 봅시다.

2. 조나단 에드워즈의 점검표 중 내가 실천하고 있는 항목은 무엇인지 생각해 봅시다.

제39주

매임에서 자유케 하리라(막5:1~15)

4대 중독이 있습니다. 알코올 중독, 마약 중독, 도박 중독, 인터넷 중독입니다. 중독에는 세 가지의 특징이 있습니다. 조절 능력을 상실하고, 심리적 의존도가 높아지며, 결과가 부정적임에도 지속하게 만드는 것입니다. 이런 중독에서 해방되기 위해서 약물치료, 정신적인 치료도 해야 하지만 가장 중요한 것은 영적으로 치유되는 은혜, 예수 그리스도로 매임에서 자유케 되어야 합니다.

1. 영적인 매임이 있습니다

"이에 물으시되 네 이름이 무엇이냐 이르되 내 이름은 군대니 우리가 많음이니이다 하고"(막5:9).

영어성경에는 'My name is Legion(내 이름은 군대니)'라고 쓰여있는데, 당시 로마 군대조직에서 'Legion(군단)'은 대략 3천에서 6천 명의 군사로 구성되어 있었습니다. 군대 귀신이 들어갔다는 것은 이 사람의 모든 신체와 정신과 마음까지도 귀신이 다 붙잡고 있었다는 것입니다. 우리가 영적으로 깨어 있어야 하는 이유가 바로 악한 영에게 조종당하거나 끌려가지 말아야 하기 때문입니다. 그래서 믿음의 성도는 영적인 것을 분별할 수 있는 눈이 열려야 합니다.

2. 제어할 힘이 없습니다

"이는 여러 번 고랑과 쇠사슬에 매였어도 쇠사슬을 끊고 고랑을 깨뜨렸음이러라 그리하여 아무도 그를 제어할 힘이 없는지라"(막5:4).

'아무도 그를 제어할 힘이 없는지라' 사람의 힘으로는 귀신 들린 자를 제어할 수 없습니다. 이것이 바로 인간의 연약함입니다. 우리는 영적인 문제에서 스스로 자유케 할 수 없습니다.

"그가 멀리서 예수를 보고 달려와 절하며 큰 소리로 부르짖어 이르되 지극히 높으신 하나님의 아들 예수여 나와 당신이 무슨 상관이 있나이까 원하건대 하나님 앞에 맹세하고 나를 괴롭히지 마옵소서"(막5:6~7).

지금 '나를 괴롭히지 마옵소서'라고 말하는 것은 귀신입니다. 세상의 악한 것들은 자신이 사람을 괴롭힌다고 말하지 않습니다. 오히려 즐거움을 준다고 착각하게 만듭니다.

3. 진리가 매임에서 자유케 합니다

"이는 예수께서 이미 그에게 이르시기를 더러운 귀신아 그 사람에게서 나오라 하였음이라"(막5:8).

빛이 오면 어둠은 물러가는 것입니다. 진리가 나타나면 거짓은 물러가는 것입니다.

그리고 그 사람에게서 나온 귀신은 어떻게 됩니까?

"허락하신대 더러운 귀신들이 나와서 돼지에게로 들어가매 거의 이천 마리 되는 떼가 바다를 향하여 비탈로 내리달아 바다에서 몰사하거늘"(막5:13).

군단의 귀신들이 사람에게 있다가 예수님이 말씀하실 때 돼지들에게 들어갔고, 돼지들을 몰살하게 만들어버렸습니다.

우리 안에 매인 것들이 있습니까? 영적인 매임입니까? 육신의 매임입니까? 세상에 매여있습니까? 예수의 이름으로 자유케 되는 은혜가 있기를 바랍니다.

[나눔과 적용]

1. 그동안 얽매여 있었던 중독이나 습관이 있다면 그것을 어떻게 풀었는지 함께 나누어 봅시다.

2. 예수님의 이름으로 자유를 경험했던 순간에 대하여 함께 나누어 봅시다.

제40주
상처에서 자유케 하리라(요4:13~24)

상담학 교수인 이지영 교수의 '나를 잃어버려가면서 지켜야 할 관계는 없다'라는 책이 있습니다. 이 책에서는 많은 사람들이 관계의 상처를 받으면 자기 자신을 자책하고 스스로에게 실망하게 되고, 결국 스스로를 미워하게 만들어 버린다고 말합니다. 상처를 치유하는 방법은 결국 자기 자신을 사랑할 줄 알아야 하는 것입니다.

본문에 나오는 사마리아 여인에게는 남에게 말하지 못한 상처가 있었습니다. 이 여인에게는 남편이 다섯 명이 있었고, 지금은 여섯 번째 남자와 살고 있지만 그도 진짜 남편은 아니었습니다. 아마도 이 여인은 남편들과 사별했을 가능성이 높습니다. 이 시대는 남편 없이 여인이 혼자 살 수 있는 시대가 아니기에 계속해서 결혼을 할 수밖에 없었던 것입니다. 세상 말로 불행한 운명, 불행한 팔자로 살아가는 여인이었습니다.

1. 기쁨은 상처의 치유 방법이다

"사마리아 여자 한 사람이 물을 길으러 왔으매 예수께서 물을 좀 달라 하시니"(요4:7).

이 여인은 과거의 상처와 아픔으로 주변과 어울리지 못하는 외롭고 힘겨운 인생을 살고 있었습니다. 하지만 오늘 예수님은 이 여인 만나기를 기다리고 계셨습니다. 그리고 상처에서 자유함을 얻는 방법을 말씀하고 있습니다.

"예수께서 대답하여 이르시되 이 물을 마시는 자마다 다시 목마르려니와 내가 주는 물을 마시는 자는 영원히 목마르지 아니하리니 내가 주는 물은 그 속에서 영생하도록 솟아나는 샘물이 되리라"(요4:13~14).

여인의 상처를 해결하는 방법은 또 다른 좋은 남편을 만나는 것, 사람을 통해 해결되는 것이 아니라 본질적인 문제, 영적인 문제로 해결해야 함을 말씀하신 것입니다. 여인에게 필요한 것이 무엇입니까? 영원히 목마르지 않는 생수가 필요한 것입니다. 상처는 무엇으로 치유되어야 합니까? 영원히 목마르지 않는 기쁨, 영원히 변치 않는 만족과 회복이 있어야 하는 것입니다. 그것이 바로 예수님 안에 있는 것입니다.

2. 믿음은 상처의 치유 방법이다

"이르시되 가서 네 남편을 불러오라"(요4:16).

남편 때문에 상처받은 여인에게 남편을 불러오라는 이 말씀은 네 안에 있는 상처, 네 안에 자리 잡은 아픔의 문제를 예수님께 가지고 나오라는 것입니다. 예수님은 이미 우리의 약함, 상처가 무엇인지 다 알고 계시는데 왜 말하게 하십니까? 우리가 주님 앞에 약함을 고백하며 도움을 구하기를 원하시기 때문입니다. 겸손한 자, 주님을 온전히 신뢰하는 자는 자신의 약함을 드러낼 수 있습니다.

오늘 예수님을 만난 이 여인은 인생의 오랜 상처에서부터 자유함을 얻게 되었습니다. 사람을 피하고 인생의 소망이 없이 살던 여인이 사람들이 사는 마을로 내려가서 자신이 만난 예수님을 증거하는 증인이 됩니다. 상처에서부터 자유하게 되어 주님을 전하는 성도가 되기 바랍니다.

[나눔과 적용]

1. 살아오며 겪은 관계의 상처 중 아직 치유되지 않은 부분이 있다면 함께 나누어 봅시다.

2. 예수님께 내면의 상처를 고백하며 위로받았던 경험이 있다면 함께 나누어 봅시다.

제41주
궁핍에서 자유케 하리라(막12:41~44)

우리를 매이게 만드는 여러 가지 문제들 중에 가장 큰 문제는 바로 돈, 물질입니다. 영국의 철학자 베이컨은 '돈은 최고의 종이고 최악의 주인이다'라는 말을 했습니다. 돈을 내가 다스리고 관리할 수 있으면 최고의 종이 될 수 있지만, 그 돈에 매이고 돈만 바라보고 사는 사람에게는 고통을 주는 최악의 주인이 된다는 것입니다.

예수님은 두 렙돈을 헌금한 과부의 비유를 통해 궁핍에서 자유함을 얻는 방법을 말씀하고 계십니다.

1. 얼마나 풍성한가?

"예수께서 헌금함을 대하여 앉으사 무리가 어떻게 헌금함에 돈 넣는가를 보실새 여러 부자는 많이 넣는데 한 가난한 과부는 와서 두 렙돈 곧 한 고드란트를 넣는지라"(막12:41~42).

지금 예수님은 여러 명의 부자들이 헌금함에 얼마를 넣었는지는 말씀하지 않으시면서 과부가 헌금한 금액은 분명하게 말씀하고 계십니다. 당시 노동자의 하루 품삯이 한 데나리온이고, 한 데나리온은 128렙돈, 그러면 두 렙돈은 하루 일당의 64분의 1, 우리나라 돈으로 노동자 하루 일당을 15만원 정도로 본다면 2,340원 정도인 것입니다.

"예수께서 제자들을 불러다가 이르시되 내가 진실로 너희에게 이르노니 이 가난한 과부는 헌금함에 넣는 모든 사람보다 많이 넣었도다"(막12:43).

예수님의 부의 계산법은 금액의 많고 적음에 있지 않고 그 사람의 마음이 그 안에 얼마나 들어가 있느냐에 있습니다.

2. 얼마나 사랑하는가?

"그들은 다 그 풍족한 중에서 넣었거니와 이 과부는 그 가난한 중에서 자기의 모든 소유 곧 생활비 전부를 넣었느니라 하시니라"(막12:44).

하나님께 드리는 것은 같지만 그 마음과 중심에는 차이가 있습니다. 많은 물질을 가졌어도 그 물질에 자신의 마음이 매여있는 사람은 궁핍한 사람입니다. 그러나 넉넉하지 못한 물질을 가졌어도 내 마음이 매이지 않고 자유한 사람은 풍성한 사람입니다. 가난한 과부가 자신의 전부인 두 렙돈을 아낌없이 하나님께 드릴 수 있다는 것은 사람들이 보기에는 가난한 여인이지만 주님이 보실 때는 물질에 매임이 없는 가장 부유한 사람이었습니다.

예수님은 우리가 얼마나 소유하고 있는가를 보시지 않습니다. 우리가 물질보다 주님을 얼마나 더 사랑하고 의지하는지를 보십니다. 비록 적은 물질이라도 주님을 온전히 믿는 믿음으로 나아오는 성도, 그 믿음으로 섬기는 성도는 예수님께서 반드시 풍성하게 채워주십니다. 이것이 바로 궁핍에서 자유케 하시는 주님의 은혜입니다.

많다고 교만하지 말고, 적다고 불평하지 말고, 내 모든 소유가 내 것이 아니라 주님의 것이라고 인정하고 주님께 전부를 맡기는 믿음으로 살아가기 바랍니다. 그러면 주님이 채워주시는 은혜, 비록 풍족하지는 않을지라도 부족하지는 않게 매일의 만나와 같이 채워주시는 주님의 은혜가 놀라운 간증이 될 것입니다.

[나눔과 적용]

1. 물질에 매여 불안하거나 염려했던 경험이 있다면 함께 나누어 봅시다.

2. 적은 것이라도 감사함으로 드렸던 헌신의 경험이 있다면 함께 나누어 봅시다.

제42주
절망에서 자유케 하리라(요11:17~27)

존 번연이 쓴 책 '천로역정'에서 주인공 크리스찬이 진리의 길에서 벗어나 절망의 성으로 들어가게 됩니다. 절망이 말하기를 절망의 성에서 빠져나가는 길은 스스로 목숨을 끊는 길밖에 없다며 목을 매는 줄 하나와 칼 하나를 두고 갑니다. 절망의 끝은 죽음이라는 것입니다. 절망은 마지막 남은 희망마저 사라져 버리고 살 소망도 잃어버린 상태입니다. 본문에 나사로가 죽었습니다. 나사로에게는 두 명의 누이 마르다와 마리아가 있습니다. 누구보다 예수님을 열심히 따르던 사람들입니다. 나사로가 위독하게 되었을 때 누이들이 예수님께 사람을 보내어 고쳐 달라고 합니다.

1. 소망의 주님을 기대하라

"이에 그 누이들이 예수께 사람을 보내어 이르되 주여 보시옵소서 사랑하시는 자가 병들었나이다 하니"(요11:3).

이들은 마지막 기대와 믿음을 예수님께 전한 것입니다. 그런데 나사로가 죽었습니다. 기대와 소망, 예수님을 향한 믿음까지도 무너져 내렸을 것입니다. 이 가정에 절망이 찾아온 것입니다. 하지만 예수님께서 오셔서 나사로가 살아날 것이라고 말씀하십니다.

2. 부활의 주님을 기대하라

"예수께서 이르시되 나는 부활이요 생명이니 나를 믿는 자는 죽어도 살겠고 무릇 살아서 나를 믿는 자는 영원히 죽지 아니하리니 이것을 네가 믿느냐"(요11:25~26).

절망에서부터 자유하게 되는 방법은 바로 부활의 주님을 믿는 것입니다. 우리의 인생에 절망이 찾아오는 이유는 내 힘으로는 아무것도 할 수 없다고 생각하기 때문입니다. 아무리 시간이 지나고, 이 정도 기도하면 주님이 응답하실 것이라 기대해도 아무런 소망이 보이지 않을 때 절망하게 됩니다. 그러나 절망적인 인생을 주님은 다시 살리실 수 있음을 믿으십시오.

"죽은 자가 수족을 베로 동인 채로 나오는데 그 얼굴은 수건에 싸였더라 예수께서 이르시되 풀어놓아 다니게 하라 하시니라"(요11:44).

부활의 주님이 죽은 나사로를 살리셨습니다. 어떤 인생의 절망을 만난다 해도 죽은 자를 살리시고, 살아있는 자는 영원히 죽지 않게 하시는 주님을 의지하시기 바랍니다. 죽은 나사로를 살리신 이 사건에는 예수님의 목적하심이 있었습니다.

3. 영광의 주님을 기대하라

"예수께서 들으시고 이르시되 이 병은 죽을병이 아니라 하나님의 영광을 위함이요 하나님의 아들이 이로 말미암아 영광을 받게 하려 함이라 하시더라"(요11:4).

나사로의 가정에 찾아온 절망을 예수님은 하나님의 영광이 되게 바꾸어 주셨습니다. 인간의 절망은 죽음과 같은 결말을 가져오지만 믿는 성도가 절망 중에도 주님을 의지하면 하나님의 영광이 됨을 믿으시기 바랍니다.

[나눔과 적용]

1. 절망의 순간에 기도로 길이 열렸던 경험이 있다면 함께 나누어 봅시다.

2. 절망 중에도 하나님의 영광을 기대하며 견뎠던 순간이 있다면 함께 나누어 봅시다.

제43주

하나님의 선택(고전1:26~31)

국민을 대상으로 대통령이 가져야 할 자질, 능력이 무엇인지 물었습니다. 첫째는 국가 경제를 살릴 수 있는 능력, 둘째는 정직하고 도덕적인 자질, 셋째는 서민과 약자를 챙길 수 있는 마음으로 나왔습니다. 그렇다면 하나님은 어떤 사람을 선택하실까요? 분명한 것은 사람이 선택하는 기준과 하나님이 선택하시는 기준에는 차이가 있다는 것입니다.

본문은 사도 바울이 하나님의 선택이 어디에 있는지에 대해 말씀하고 있습니다.

"형제들아 너희를 부르심을 보라 육체를 따라 지혜로운 자가 많지 아니하며 능한 자가 많지 아니하며 문벌 좋은 자가 많지 아니하도다"(고전1:26).

지금 고린도 교회 안에서 성도들끼리 파가 나뉘어서 서로 잘났다고 상대를 비교하고 평가하고 있습니다. 이를 본 바울이 하나님은 똑똑하거나 재능과 능력이 많아서, 많이 배워서 그리스도인으로 부르신 것이 아니라고 말합니다.

"그러나 하나님께서 세상의 미련한 것들을 택하사 지혜 있는 자들을 부끄럽게 하려 하시고 세상의 약한 것들을 택하사 강한 것들을 부끄럽게 하려 하시며"(고전1:27).

강한 자를 택하여 약한 자들을 부끄럽게 하는 것은 세상의 논리입니다. 반면 하나님의 선택은 세상의 미련한 것과 세상의 약한 것을 선택하시는 것입니다. 왜 하나님은 이러한 자들을 선택하셨습니까? 자랑하는 것을 '부끄럽게 하시려고' 즉 가치가 없게 만들어 버리신다는 것입니다.

이제 우리는 '부끄러운 것'에 대한 개념을 바꾸어야 합니다. 성도에게 가장 부끄러운 것은 하나님 앞에 죄를 짓는 것, 하나님의 기쁨이 되지 못하는 것입니다. 남보다 못 가져서, 우리 자녀가 잘 되지 못해서, 직장이 좋은 곳이 아니라고 부끄러워할 필요가 없습니다.

하나님이 왜 세상의 미련한 것들을 택하실까요? 하나님의 능력이 더욱 나타나게 하기 위함입니다. 세상의 미련한 자라 할지라도 하나님께 붙잡히면 지혜롭게 쓰임 받아 하나님의 영광이 되고, 세상에 약한 자라도 하나님께 붙잡혀 강하게 쓰임 받으면 하나님의 영광이 되는 것입니다. 이것이 바로 하나님의 원하시는 선택입니다.

"하나님께서 세상의 천한 것들과 멸시받는 것들과 없는 것들을 택하사 있는 것들을 폐하려 하시나니"(고전1:28).

하나님은 없는 것들을 택하신다고 말씀합니다. 어쩌면 있고 없고의 개념도 하나님께 달려 있는 것입니다. 중요한 것은 하나님의 선택을 받는 것입니다. 하나님께 붙잡히는 것입니다.

"이는 아무 육체도 하나님 앞에서 자랑하지 못하게 하려 하심이라"(고전1:29).

우리의 육체가 하나님 앞에서 자랑이 되는 것이 아니라 하나님이 자랑이 되게 해야 합니다. 내가 자랑이 되면 하나님이 꺾으시지만 하나님의 자랑이 되는 성도는 하나님이 세워주십니다.

[나눔과 적용]

1. 인생길의 모든 선택을 하나님께 맡기고, 하나님께서 선택하시는 것을 결정하고 있나요?

2. 하나님을 자랑하지 못하도록 가로막는 육체의 자랑이 우리 안에 있는지 생각해 봅시다.

제44주

승리의 비결(엡6:10~17)

그리스도인의 삶은 예수님 안에 평안과 안식을 누리는 삶입니다. 하지만 동시에 이 땅에서 살아갈 때 영적 전쟁을 하고 있는 병사와 같습니다.

"우리의 씨름은 혈과 육을 상대하는 것이 아니요 통치자들과 권세들과 이 어둠의 세상 주관자들과 하늘에 있는 악의 영들을 상대함이라"(엡6:12).

그리스도인이 악한 세상에서 싸워 승리하기 위해서는 영적인 갑옷인 전신갑주를 입어야 합니다.

"그런즉 서서 진리로 너희 허리띠를 띠고 의의 호심경을 붙이고"(엡6:14).

첫째, 진리의 허리띠를 매라. 진리는 예수 그리스도이며 그리스도의 말씀입니다. 진리 안에 있는 자, 진리를 말하는 자, 진실하게 행동하는 자는 주저하지 않습니다. 두려워하지 않습니다.

둘째, 의의 호심경을 붙이라. 호심경은 가슴에 붙여 가슴을 보호하는 장비로 하나님의 의로우심이 우리를 보호하신다는 것입니다. 마귀는 성도의 심장을 요동치게 만들고 두렵게 하고 마음을 흔들리게 하여 두려움과 정죄함을 줍니다. 그때 '그러므로 그리스도 예수 안에 있는 자에게는 결코 정죄함이 없나니!' 선포하면서 하나님의 의로움으로 막아내기 바랍니다.

"평안의 복음이 준비한 것으로 신을 신고"(엡6:15).

셋째, 복음의 신을 신으라. 성도의 걸음, 성도가 세상을 살아가는 목적은 바로 복음을 위한 걸음, 복음을 위한 삶을 사는 것입니다.

"모든 것 위에 믿음의 방패를 가지고 이로써 능히 악한 자의 모든 불화살을 소멸하고"(엡6:16).

넷째, 방패입니다. 방패의 목적은 막는 것입니다. 소망을 잃어버리게 만들고, 용기를 잃어버리게 만드는 것들을 막는데 믿음이 필요합니다. 악한 자가 쏘는 불화살은 성도의 기대감, 소망, 열정, 사명감을 사라지게 만드는데 이때 믿음으로 방어해야 합니다.

"구원의 투구와 성령의 검 곧 하나님의 말씀을 가지라"(엡6:17).

다섯째, 구원의 투구를 가지라. 구원의 투구는 그리스도인의 정체성을 보여주는 것입니다. 그리스도로 말미암아 '구원받은 자'라는 것입니다. 이것은 우리에게 자랑거리이며 세상 가운데 우리를 나타내는 표식이 됩니다. 이 땅에서는 구원의 투구를 쓰고 영적 싸움을 싸우게 되고 천국에 올라가서는 시련을 이긴 자에게 주시는 생명의 면류관을 쓰게 됩니다.

여섯째, 성령의 검을 가지라. 마지막 무기는 '성령의 검' 곧 '하나님의 말씀'이라고 합니다. 성도의 유일한 무기는 하나님의 말씀임을 믿으시기 바랍니다. 하나님의 말씀으로 무장한 성도는 어떤 상황에서도 성령의 검을 사용할 수 있습니다.

"그러므로 하나님의 전신갑주를 취하라 이는 악한 날에 너희가 능히 대적하고 모든 일을 행한 후에 서기 위함이라"(엡6:13).

영적싸움은 피하는 것이 아니라 대적해서 물리치고 승리하는 것입니다. 그리고 모든 일을 행한 뒤에 쓰러지는 것이 아니라 최후의 승리자로 우리는 당당하게 서 있어야 합니다.

[나눔과 적용]

1. 진리의 허리띠가 우리의 일상에서 어떻게 작용하고 있는지 알아봅시다.

2. 믿음의 방패로 악한 자의 불화살을 어떻게 막을 수 있을지 나누어 봅시다.

제45주
제자 되어 부흥하는 교회(막8:27~34)

우리의 믿음은 계속해서 자라야 합니다. 몸집만 커지는 것이 아니라 성장해야 한다는 것입니다. 성장이란 건강해지는 것이고, 성숙해 가는 것입니다. 그러기 위해서는 그저 예수님을 믿는 성도로 만족하는 것이 아니라 주님으로부터 배우고, 예수님의 제자가 되어서 쓰임 받고 사명을 감당할 때 주님이 주시는 큰 상급을 받아야 합니다.

1. 나를 누구라 하느냐

"예수와 제자들이 빌립보 가이사랴 여러 마을로 나가실새 길에서 제자들에게 물어 이르시되 사람들이 나를 누구라고 하느냐"(막8:27).

지금 예수님께서 제자들에게 '사람들이 나를 누구라 하느냐' 물어보십니다. 사람들은 예수님을 그저 성경 말씀을 가르치고, 예언하고, 기적과 이적을 행하는 사람들 중에 한 사람이라고 생각한다고 대답합니다. 그리고 제자들의 생각은 베드로가 대답을 합니다.

"시몬 베드로가 대답하여 이르되 주는 그리스도시요 살아계신 하나님의 아들이시니이다(You are the Christ, the Son of the living God)"(마16:16).

정관사인 'The'가 세 번이나 등장합니다. 유일하신 그리스도, 유일하신 하나님의 유일하신 아들이라고 말합니다.

2. 하나님의 일을 생각하라

"인자가 많은 고난을 받고 장로들과 대제사장들과 서기관들에게 버린 바 되어 죽임을 당하고 사흘 만에 살아나야 할 것을 비로소 그들에게 가르치시되"(막8:31).

하나님의 일을 나타내는 3가지 키워드가 나옵니다. '고난 당함' '버림 받음' '죽임 당함'입니다. 이런 단어들은 사람들이 싫어하는 단어입니다. 그래서 베드로가 이 말을 듣고 예수님께 항변합니다(32절). '항변하다'는 말의 의미는 '꾸짖다, 강하게 책망하다, 비난하다'의 뜻입니다. 이때 예수님이 베드로를 꾸짖으십니다(33절). 영적인 사람은 영적인 일을 생각해야 합니다. 예수님의 제자는 하나님의 일, 하나님을 기쁘시게 해 드리는 일을 생각해야 합니다.

3. 제자가 되라

"무리와 제자들을 불러 이르시되 누구든지 나를 따라 오려거든 자기를 부인하고 자기 십자가를 지고 나를 따를 것이니라"(막8:34).

여전히 내 안에 주님의 뜻보다 자신의 뜻을 고집하고, 내 욕심을 고집하고, 세상의 욕심과 죄를 고집하고 있다면 내려놓아야 합니다.

그리고 십자가는 고난입니다. 십자가는 책임이고, 사명입니다. 그 거룩한 부담감으로 살아가는 사람이 바로 제자입니다. 그리고 주님이 가라고 하시는 대로, 주님이 명령하시는 대로 순종하는 것, 바로 예수님을 따르는 것이 제자 되어 살아가는 자의 모습입니다.

[나눔과 적용]

1. 우리는 예수님의 제자인가요, 아니면 무리 중에 한 사람인가요?

2. 올 한 해 주님께서 내게 주시는 말씀은 무엇인가요?

제46주
받은 복을 세어보아라(시103:1~5)

감사는 생각해야 감사할 수 있습니다. '감사'라는 단어 'Thank'는 '생각'이라는 단어 'Think'에서부터 온 것입니다. 생각해 보면 감사할 일이 많고, 생각하지 못하면 감사하지 못합니다.

성경은 우리에게 감사해야 할 것을 명령합니다. 신약과 구약을 합쳐 178구절의 말씀이 감사하라는 말씀입니다. 언제 감사해야 합니까? 모든 상황 속에서 감사하라고 말씀합니다.

1. 모든 은혜에 감사

"내 영혼아 여호와를 송축하며 그의 모든 은택을 잊지 말지어다"(시 103:2).

한 어린 딸이 엄마에게 자신이 한 일을 계산한 계산서를 내밀었습니다. '방 청소 2000원, 심부름 1000원, 엄마 없는 동안 동생 봐준 거 3000원, 쓰레기 버린 것 1000원, 엄마 아빠 구두 닦은 것 3000원, 전부 합쳐서 만원!' 이걸 본 엄마가 웃으며 종이 뒤에 이렇게 적어서 딸에게 줬다고 합니다. '너를 뱃속에 열 달 동안 데리고 다닌 값 무료, 네가 아플 때 밤새도록 간호하고 기도한 값 무료, 너에게 밥을 해주고 옷을 빨아준 값 무료, 너를 위해 기도하고 걱정한 값 무료, 전부 합쳐서 무료!'

지금까지 우리는 하나님이 주시는 조건 없는 이익을 누리며 살아왔습니다. 그 은혜를 기억하며 날마다 감사하는 성도가 되기 바랍니다.

2. 모든 회복에 감사

"그가 네 모든 죄악을 사하시며 네 모든 병을 고치시며"(시103:3).

'죄'라는 것이 무엇입니까? 하나님의 뜻과 기준을 어기는 모든 행동, 생각, 태도를 의미합니다. 우리가 살아갈 때 죄를 안 짓고 살아갈 수 있을까요? 그런데 하나님은 이런 모든 죄에서 우리를 용서해 주신다고 말씀합니다. 하나님 앞에 나와 철저히 회개하고 하나님의 뜻대로 돌아선다면 하나님은 우리의 모든 죄를 용서해 주십니다. 그리고 때론 죄와 함께 질병이 옵니다. 그래서 치유는 죄 사하심과 함께 가는 것입니다. 하나님이 우리를 모든 죄에서 용서해주신 것 같이 우리의 모든 질병에서도 주님이 고쳐주실 것을 믿으십시오.

3. 모든 기쁨에 감사

"좋은 것으로 네 소원을 만족하게 하사 네 청춘을 독수리같이 새롭게 하시는도다"(시103:5).

사람들은 저마다 소원이 있고 다 다릅니다. 그런데 때론 내게 무엇이 가장 좋은지를 모를 때가 있습니다. 그것을 나는 몰라도 하나님은 분명하게 아십니다. 이것을 믿는 성도는 어떻게 고백합니까? '나에게 가장 좋은 것은 아직 오지 않았다(The best is yet to come)' 내 삶에 아직 이루어진 것이 없고, 여전히 수고로이 살고 있다 해도 하나님께 감사하며 살아가는 자, 믿음으로 사명을 감당하는 자에게는 반드시 하나님께서 기쁜 날이 오게 하십니다.

[나눔과 적용]

1. 감사하기 어려운 이유는 무엇이고, 그럼에도 감사할 수 있는 비결은 무엇인지 나누어 봅시다.

2. 삶 속에서 경험한 가장 큰 은혜는 무엇이고, 이 은혜에 대해 얼마나 감사하는지 나누어 봅시다.

제47주

그의 이름은 기묘자라(눅7:18~23)

이사야 선지자는 예수님이 탄생하시기 700년 전에 이미 메시야의 탄생을 예언했습니다.

"이는 한 아기가 우리에게 났고 한 아들을 우리에게 주신 바 되었는데 그의 어깨에는 정사를 메었고 그의 이름은 기묘자라, 모사라, 전능하신 하나님이라, 영존하시는 아버지라, 평강의 왕이라 할 것임이라"(사9:6).

예수님의 이름을 다섯 가지로 말하고 있습니다. 첫 번째로 '기묘자'라는 말은 원어로 '펠레' 그 뜻이 '놀라운 것, 기이한 일, 기적' 영어로는 'wonderful'입니다. 어떻게 해야 기묘자이신 예수님을 만날 수 있습니까?

1. 예수님께 나아가야 합니다

"그들이 예수께 나아가 이르되 세례 요한이 우리를 보내어 당신께 여쭈어 보라고 하기를 오실 그이가 당신이오니이까 우리가 다른 이를 기다리오리이까 하더이다 하니"(눅7:20).

당시에 세례 요한을 따르는 제자들이 예수님을 따르는 제자들과 보이지 않는 긴장감이 있었습니다. 그러다 보니 예수님께 다가가기는 커녕 예수님의 제자들과도 친하지 못했습니다. 그런데 이들이 주님께 다가가서 '당신이 우리가 기다리던 그 메시야입니까?' 물어보게 됩니다. 기묘자이신 예수님, 능력의 주님을 경험하기 위해서 우리는 먼저 예수님께 나아가야 합니다. 예배를 통해, 말씀을 통해, 기도를 통해 주님을 찾아가야 합니다.

2. 예수님을 경험해야 합니다

"마침 그때에 예수께서 질병과 고통과 및 악귀 들린 자를 많이 고치시며 또 많은 맹인을 보게 하신지라"(눅7:21).

요한의 제자들이 예수님께로 나아갈 때 마침 예수님이 병든 자들을 고치시는 장면을 목격하게 됩니다. 예수님의 능력 행하심을 직접 보게 되니 기묘자 예수님, 능력의 예수님을 경험하게 된 것입니다.

영성 신학자 앤드류 머레이는 '예수님을 깊이 경험하라'는 책에서 누리기 위해서는 안으로 들어가 거해야 한다고 말합니다. 남이 응답받은 기도가 아니라 내가 응답받는 기도를 경험해봐야 합니다.

3. 예수님을 전해야 합니다

"예수께서 대답하여 이르시되 너희가 가서 보고 들은 것을 요한에게 알리되 맹인이 보며 못 걷는 사람이 걸으며 나병환자가 깨끗함을 받으며 귀먹은 사람이 들으며 죽은 자가 살아나며 가난한 자에게 복음이 전파된다 하라"(눅7:22).

'너희가 가서 보고 들은 것을 알리라' 보고 들은 것을 알리는 사람은 바로 증인들입니다. 믿지 않는 자들, 주님을 경험하지 못한 사람들에게 예수님이 어떤 분이신지, 그분 안에 어떤 능력이 있는지 예수님께로 인도하는 증인이 되어야 합니다. 기적을 행하시는 '기묘자' 예수님을 믿는 자, 그 이름을 부르는 자에게는 기묘한 능력, 놀라운 능력이 나타나게 됨을 믿으시기 바랍니다.

[나눔과 적용]

1. 예수님을 통해 경험한 가장 놀라운 일은 무엇인지 함께 나누어 봅시다.

2. 주변에 예수님을 소개해야 할 사람은 누구이고, 어떻게 그들에게 예수님을 알릴 수 있을지 나누어 봅시다.

[대강절]

제48주
그의 이름은 모사라(요8:2~11)

우리 삶에 때로는 도무지 답을 알 수 없는 문제들을 만날 때가 있습니다. 그러면 우리는 도움을 줄 상담자를 찾게 됩니다. '모사'라는 말은 원어로 '요에츠'라고 하고 그 뜻이 '조언자, 상담자, 훈계자'입니다. 두 번째 예수님의 이름 '모사'라 불리는 주님을 말씀을 통해 찾아보기 바랍니다.

1. 가르치시는 예수님

"아침에 다시 성전으로 들어오시니 백성이 다 나아오는지라 앉으사 그들을 가르치시더니"(요8:2).

예수님이 백성들을 가르치고 계실 때 바리새인들이 간음하다 잡힌 여인을 데리고 와서 어떻게 처리해야 할 지를 묻고 있습니다.

"모세는 율법에 이러한 여자를 돌로 치라 명하였거니와 선생은 어떻게 말하겠나이까"(요8:5).

지금 바리새인들은 예수님께 답을 듣고자 질문을 하는 것이 아닙니다. 예수님을 시험하고 있는 것입니다. 주님께 답을 얻어야 하고 주님의 위로와 뜻과 도우심을 얻고자 한다면 배우고자 하는 마음으로 겸손하게 나와야 합니다.

2. 깨닫게 하시는 예수님

"그들이 묻기를 마지 아니하는지라 이에 일어나 이르시되 너희 중에 죄 없는 자가 먼저 돌로 치라 하시고"(요8:7).

'너희 중에 죄 없는 자가 먼저 돌로 치라' 이 말씀은 여인의 죄를 어떻게 처리할 것인가 답을 주시기 전에 먼저 회중들이 가지고 있는 죄의 문제에 대해 지적하고 계신 것입니다. "너희 안에 있는 죄를 보라. 남에게 돌을 던질 정도로 너희는 깨끗하냐?"

"그들이 이 말씀을 듣고 양심에 가책을 느껴 어른으로 시작하여 젊은이까지 하나씩 나가고 오직 예수와 그 가운데 섰는 여자만 남았더라"(요8:9).

주님을 만나고 말씀을 들으면 깨닫게 하십니다. 그러면 회복되고 고침 받을 수 있습니다.

3. 위로하시는 예수님

"대답하되 주여 없나이다 예수께서 이르시되 나도 너를 정죄하지 아니하노니 가서 다시는 죄를 범하지 말라 하시니라"(요8:11).

지금 주변에 있던 수많은 사람들이 모두 사라지고 난 후 주님이 여인에게 말씀하시며 여인을 용서해 주셨습니다. 사람들은 여인과 똑같은 죄인이기에 이 여인을 정죄할 자격이 없지만 예수님은 죄가 없으신 분이시기 이 여인을 비난할 수도 있고, 정죄할 수도 있습니다. 그러나 예수님은 용서해 주시고 위로해 주시며 모든 것을 해결해 주셨습니다. 예수님은 우리의 문제를 들어주시고 공감하시고 이해해 주실 뿐만 아니라 용서해 주시고 고쳐주시고 해결해 주시는 분이십니다.

[나눔과 적용]

1. 예수님을 통해 깨달은 우리의 죄와 연약함은 무엇이고, 어떻게 변하기 위해 노력하는지 나누어 봅시다.

2. 예수님께 위로받았던 경험을 나누며 서로를 격려하고, 앞으로 어떻게 주님의 위로를 경험할 수 있을지 나누어 봅시다.

제49주
그의 이름은 전능하신 하나님이라(막4:35~41)

미국의 소설가인 허먼 멜빌은 '인생은 끝없는 넓은 바다 위를 떠다니는 배와 같다. 방향은 정할 수 있지만 바람과 파도는 우리가 통제할 수 없다.'라고 말했습니다.

본문에서 제자들이 갈릴리 바다에서 큰 풍랑을 만나게 되어 물이 배에 가득 차서 곧 침몰할 지경입니다. 그런데 이 배에 예수님이 함께 타고 계셨습니다. 세 번째 예수님의 이름 '전능하신 하나님'을 말씀을 통해 만나 보기 바랍니다.

1. 우리가 함께 가자

"그날 저물 때에 제자들에게 이르시되 우리가 저편으로 건너가자 하시니"(막4:35).

예수님께서 한밤중에 바다 건너편으로 가자고 하셨을 때 풍랑이 몰아칠 것을 모르셨을까요? 아닙니다. 지금 예수님이 먼저 제자들에게 가자고 하신 것입니다. 지금 우리는 누구와 함께 살아가고 있습니까? 주님과 함께 걸어가는 길이라면 인생의 풍랑을 만나도 낙심하거나 후회할 필요가 없습니다. 절망하거나 남을 탓하거나 자신을 탓하지도 말아야 합니다. 왜냐하면 주님이 인도하시기 때문입니다. 주님은 이미 다 알고 계시고, 이미 계획이 있으신 분입니다. 주님의 이름이 전능하신 하나님이시기 때문입니다.

2. 잠잠하라, 고요하라

"예수께서 깨어 바람을 꾸짖으시며 바다 더러 이르시되 잠잠하라 고요하라 하시니 바람이 그치고 아주 잔잔하여지더라"(막4:39).

지금 항해를 하던 배에 풍랑이 몰아닥치게 되었습니다. 돛으로 움직이는 배는 바람이 있어야 움직이지만 그 바람이 광풍이 되면 배를 통제할 수가 없게 됩니다. 제자들이 깨우자 일어나신 예수님께서 바람을 꾸짖으시고, 바다에게 잠잠하라, 고요하라 말씀하십니다.

예수님은 풍랑을 잠잠하게 하는데 거창한 능력을 발휘하신 것이 아닙니다. 그냥 말씀으로 꾸짖으신 것입니다. 환난 중에 예수님을 부르세요. 주님의 도우심을 구하세요. 전능하신 하나님이신 예수님께서 해결해 주십니다.

3. 어찌 믿음이 없느냐

"이에 제자들에게 이르시되 어찌하여 이렇게 무서워하느냐 너희가 어찌 믿음이 없느냐 하시니"(막4:40).

지금 생사가 오가는 상황인데 두려워하는 게 당연한 것 아닐까요? 심지어 제자들 중 절반이 뱃사람입니다. 그런데 예수님은 제자들을 책망하십니다. 무엇을 책망하신 것입니까? 그들과 함께하고 있는 예수님이 전능하신 하나님이시라는 것에 대한 믿음이 제자들에게 없었던 것입니다.

우리에게 필요한 것은 인생의 문제를 어떻게 하면 피해 갈 것인가, 내 인생에 위기를 어떻게 하면 안 만날 것인가가 아니라 어떤 문제를 만난다 해도 반드시 승리하게 하시는 전능하신 하나님을 믿는 믿음이 필요한 것입니다.

[나눔과 적용]

1. 예수님께서 실수와 착오가 없으신 분임을 언제 경험하게 되나요?

2. 전능하신 예수님께서 인생을 주관하심을 믿고 있나요?

제50주
그의 이름은 영존하신 아버지라(마1:21~23)

많은 사람들이 새것을 좋아하지만 때로는 시간이 지날수록 그 가치가 올라가는 것들도 있습니다. 그렇다면 영원한 가치는 무엇일까요? 우리를 위해 이 땅에 오신 메시야 예수 그리스도이십니다. 그렇다면 이사야가 말한 예수님의 네 번째 이름 '영존하시는 아버지'는 어떤 아버지를 말씀하는 것일까요?

1. 구원하시는 아버지입니다

"아들을 낳으리니 이름을 예수라 하라 이는 그가 자기 백성을 그들의 죄에서 구원할 자이심이라 하니라"(마1:21).

기독교 작가인 로이 레신이라는 사람은 '인간에게 가장 필요한 것'이라는 제목으로 예수님이 오신 이유를 이렇게 말합니다.

"인간에게 가장 필요한 것이 지식이었다면 하나님은 우리에게 교육가를 보내셨을 것이다. 인간에게 가장 필요한 것이 건강이었다면 하나님은 우리에게 의사를 보내셨을 것이다. 인간에게 가장 필요한 것이 돈이었다면 하나님은 우리에게 사업가를 보내셨을 것이다. 인간에게 가장 필요한 것이 즐거움이었다면 하나님은 우리에게 연예인을 보내셨을 것이다. 그러나 인간에게 가장 필요한 것은 죄 사함이었다. 그래서 하나님은 우리에게 구세주를 보내주신 것이다."

예수님의 이름 그 자체가 바로 '구원자(Savior)'이십니다. '영존하시는 아버지'라 이름하는 예수님은 우리에게 영원히 변치 않는 구원을 베풀어 주셨음을 믿으시기 바랍니다.

2. 함께하시는 아버지입니다

"보라 처녀가 잉태하여 아들을 낳을 것이요 그의 이름은 임마누엘이라 하리라 하셨으니 이를 번역한즉 하나님이 우리와 함께 계시다 함이라"(마 1:23).

'주님은 나의 피난처'라는 책을 쓴 네덜란드 기독교 작가인 코리 텐 붐 여사는 유대인들을 숨겨주었다는 죄목으로 나치 수용소에 끌려가 고통을 당했습니다. 그러나 감옥에서 이런 고백을 합니다.

"하나님은 나의 가장 어두운 날들 속에서도 여전히 함께 계셨다."

주님은 빛나는 곳에만 계신 것이 아니라 인생의 가장 깊고 어둡고 두렵고 슬픈 그 장소에도 함께 계십니다.

3. 약속을 이루는 아버지입니다

"이 모든 일이 된 것은 주께서 선지자로 하신 말씀을 이루려 하심이니 이르시되"(마1:22).

예수님의 탄생은 700년 전 이사야 선지자를 통해 예언되었습니다. 그런데 이미 창세기에서부터, 모세오경을 쓴 BC 15세기에도 메시야에 대한 예언의 말씀이 선포되었습니다. 이는 무엇을 의미하는 것입니까? 얼마나 오래전에 예언되었는가가 중요한 것이 아니라 하나님은 그 말씀하신 것을 반드시 이루시는 분이라는 사실입니다. 우리가 기도하는 이유가 무엇입니까? 하나님은 반드시 우리의 기도를 들어주시는 것을 믿기 때문에 기도하는 것입니다.

[나눔과 적용]

1. 예수님께서 구원하시는 하나님이심을 믿으십니까?

2. 예수님께서 동행하시고 우리 삶 속에서 역사하심을 신뢰하고 있습니까?

[성탄주일]

제51주
그의 이름은 평강의 왕이라(요20:19~23)

예수님은 이 땅에 평화로 오셨습니다. 사람들은 다양한 방법으로 평화를 찾으려고 하지만 스스로는 평화를 유지할 수도, 지킬 수도 없는 존재입니다. 진정한 평화는 '평강의 왕'이라 불리는 예수님의 도움이 반드시 필요합니다.

1. 두려움을 물리치는 평강의 왕

"이날 곧 안식 후 첫날 저녁때에 제자들이 유대인들을 두려워하여 모인 곳의 문들을 닫았더니 예수께서 오사 가운데 서서 이르시되 너희에게 평강이 있을지어다"(요20:19).

두려움에는 세 가지가 있습니다. 불확실한 미래에 대한 두려움, 지나간 과거에 대한 두려움, 현재 일어나는 현실에 대한 두려움입니다. 제자들은 유대인들이 자신들도 잡아가지 않을까 하는 미래에 대한 두려움이 있었습니다. 또 자신들이 따랐던 예수님이 십자가에서 죽었으니 과거의 실패에 대한 두려움이 있었습니다. '모인 곳의 문들을 닫았다'에서 보는 것처럼 현실에 대한 두려움이 있었습니다.

두려움이 있으면 마음의 문을 닫아버립니다. 그래서 기도의 문, 예배의 문도 닫아버리고 하나님과의 통로도 막아 버립니다. 두려움이 찾아올 때 평강의 왕이신 주님께 우리 마음의 문을 열어야 합니다.

2. 상처를 치유하는 평강의 왕

"이 말씀을 하시고 손과 옆구리를 보이시니 제자들이 주를 보고 기뻐하더라"(요20:20).

부활하신 예수님께서 제자들에게 손과 옆구리를 보여주십니다. 구멍 난 손은 예수님의 상처입니다. 구멍 난 옆구리는 예수님의 고통의 흔적입니다. 그런데 이것을 본 제자들이 주를 보고 기뻐했다고 합니다. 이는 무슨 의미입니까? 예수님의 손과 옆구리에 난 상처는 바로 평화의 증표가 되는 것입니다. 부활의 승리의 상징이고, 사람이 할 수 없는 것을 평화의 왕이신 주님이 이루어내셨다는 증거가 되는 것입니다.

3. 회복을 주시는 평강의 왕

"예수께서 또 이르시되 너희에게 평강이 있을지어다 아버지께서 나를 보내신 것같이 나도 너희를 보내노라"(요20:21).

평강을 이루기 위해서 반드시 필요한 것이 바로 '회복'입니다. 부부싸움을 한 뒤에 회복을 위한 화해의 기술입니다.

첫째, 자신의 잘못된 행동이나 말을 솔직히 인정하고 사과하라.

둘째, 서로의 입장을 바꾸어 생각해 보는 시간을 가지라.

셋째, 지는 것이 이기는 것이라는 심정으로 용기를 내라. 싸운 뒤에 계속해서 냉전체제를 유지하기보다 일상적인 대화를 시도하라.

예수님은 두 번째로 '평강이 있을지어다' 말씀하시면서 제자들에게 사명의 회복, 그들이 원래 부름 받았던 그 자리로서의 회복을 말씀하십니다. 평강의 왕이신 예수님을 만나면 담대함이 생기고, 삶의 목적을 찾게 되고, 소망 가운데 믿음으로 나아가게 됩니다.

[나눔과 적용]

1. 두려움으로 마음의 문을 닫았던 순간이 있었다면 나누어 봅시다.

2. 현재 삶에서 평강의 왕께 회복을 맡겨야 할 부분은 무엇이라 생각하는지 함께 나누어 봅시다.

[송년주일]

제52주

잘했고, 잘하고 있고, 잘될 것이다(빌3:13~16)

한 해를 돌아보면 여러 가지 사건과 상황이 있었습니다. 이 모든 것을 우리는 어떻게 바라봐야 합니까? 그럼에도 불구하고 하나님의 은혜로 지금까지 왔음을 우리는 고백해야 합니다. 불평이 감사가 되고, 슬픔이 기쁨이 되는 것은 상황이 바뀌는 것이 아니라 그 상황을 어떻게 해석하고 바라보는가에 따라 변하는 것입니다.

1. 잘했다

"내가 이미 얻었다 함도 아니요 온전히 이루었다 함도 아니라 오직 내가 그리스도 예수께 잡힌 바 된 그것을 잡으려고 달려가노라"(빌3:12).

세상은 평가하고 비판하고 지적하는 사람이 똑똑하고 사리 분별있고 지혜로운 사람이라고 하지만, 성경은 오히려 칭찬하고 격려하며 헤아리는 자가 지혜로운 자라고 말씀하고 있습니다.

'오직 내가 그리스도 예수께 잡힌 바 된 그것을 잡으려고 달려가노라' 아직 이룬 것도 없고, 완전하지 못하지만 우리는 예수님께 잡힌 바 된 사람들이고 주님이 주신 사명을 바라보며 달려가는 사람들이고 이것이 너무나 잘한 것이라는 것입니다.

2. 잘하고 있다

"푯대를 향하여 그리스도 예수 안에서 하나님이 위에서 부르신 부름의 상을 위하여 달려가노라"(빌3:14).

톨스토이의 '세 가지 질문'이라는 단편소설에 보면 한 왕이 자신의 인생에서 풀지 못한 세 가지 질문 '세상에서 가장 중요한 때, 세상에서 가장 중요한 사람, 세상에서 가장 중요한 일은 무엇인가?'에 현명한 대답을 해 줄 사람을 찾게 됩니다. 어떤 지혜자가 나타나 왕에게 답을 줍니다. '세상에서 가장 중요한 때는 바로 지금이고, 가장 중요한 사람은 지금 나와 함께 있는 사람이고, 제일 중요한 일은 지금 나와 함께 있는 사람에게 사랑을 베푸는 것이다.'

'푯대'는 무엇입니까? 주님이 부르심의 목적 즉 사명입니다. 우리의 믿음이 푯대를 향하고 부르심의 상을 바라보며 계속해서 달려갈 때 주님은 우리에게 잘하고 있다고 칭찬하시며 격려와 힘을 더해 주실 것입니다.

3. 잘될 것이다

"그러므로 누구든지 우리 온전히 이룬 자들은 이렇게 생각할지니 만일 어떤 일에 너희가 달리 생각하면 하나님이 이것도 너희에게 나타내시리라"(빌3:15).

여러 어려움의 상황 속에 놓이게 된 빌립보 교회에게 사도 바울은 '어떤 일을 만나든지 달리 생각하라'고 말합니다. 내 생각, 내 판단, 내 경험을 의지하지 말고 하나님의 손을 의지하라는 것입니다.

어떤 상황 속에서도 하나님을 의지하는 자를 '온전히 이룬 자'라고 말씀합니다. 우리 하나님은 우리에게 가장 좋은 것을 주시는 분입니다. 잘될 것이라고 고백할 때 하나님은 반드시 우리 믿음의 고백대로 놀라운 역사를 행하실 줄 믿습니다.

[나눔과 적용]

1. 비판하지 않고 격려와 칭찬하는 삶을 살고 있는지 생각해 봅시다.

2. 올 한 해 동안 가장 잘한 것은 무엇인지 생각해 봅시다.